Inhalt

Superhelden auf irrer Mission 7

Fell- und Federspäße 45

Wir wollen witzefrei! 73

Von doofen Tanten und anderen Verwandten 99

Bunt gemischtes Scherzgeschnipsel 129

Superhelden auf irrer Mission

Die beiden Superschafe Supermäh und Spidermäh
sind unterwegs in geheimer Mission.
Flüstert Supermäh zu Spidermäh: »Wo treffen wir uns?«
»Ist mir egal.«
»Wann soll ich kommen?«
»Ist mir auch egal.«
»Gut, dann bis gleich.«
»Ja, aber sei pünktlich!«

Sagt Supermäh zu Spidermäh: »Spidermäh,
ich habe gestern ständig angerufen und konnte dich
nicht erreichen, das geht nicht!«
Darauf Spidermäh: »Tut mir leid, mein Telefonnetz war
noch nicht fertig.«

Sagt Supermäh zu Spidermäh: »Spidermäh,
du könntest wirklich mal wieder ein Bad vertragen.«
Spidermäh entrüstet: »Na hör mal, ich bade täglich!«
»Dann solltest du mal das Wasser wechseln.«

Inspektor Hyperkorrekt fährt Streife.
Sein scharfer Blick fällt auf Supermäh.
»Supermäh, deine Bremsen sind kaputt!
Das macht 30 Euro.«
»Super!«, ruft Supermäh begeistert. »In der Werkstatt
wollten sie 150 dafür haben!«

»Spidermäh!«, schimpft Supermäh,
»das Ei ist schon wieder zu hart!«
Spidermäh genervt: »Mach die Schale ab, dann wird's
weicher!«

Sherlock Holmes und Dr. Watson sind beim Arzt.
»Na, was fehlt Ihnen denn?«, fragt der Arzt.
»Ich habe eine Lupe verschluckt!«, sagt Dr. Watson.
»Aha, und was fehlt Ihnen, Mr. Holmes?«
»Meine Lupe!«

Bettmäh trottet in einen Buchladen.
»Ich will einen Hubschrauber basteln, weiß aber nicht,
wie. Haben Sie ein Buch, in dem das erklärt wird?«
»Aber sicher«, antwortet der Buchhändler und reicht
Bettmäh ein Buch. »Mit diesem Buch ist die Arbeit
schon halb getan.«
Bettmäh zufrieden: »Super, dann nehme ich
gleich zwei!«

Winnetou und Old Shatterhand
schauen sich gemeinsam einen Western an.
Plötzlich ruft Winnetou: »Pass auf! Gleich wirft das
Pferd den Cowboy ab, mitten in den dicken Kaktus!«
»Das glaube ich nicht!«, erwidert Old Shatterhand.
»Wetten? Um einen Teller Feuerbohnen!«,
sagt Winnetou.
Und tatsächlich: Der Cowboy landet im Kaktus!
Winnetou grinst: »Ich habe gemogelt,
ich kenne den Film.«
»Na und?«, erwidert Old Shatterhand. »Ich auch,
aber ich hätte nie gedacht, dass der Cowboy so doof
ist, sich noch einmal abwerfen zu lassen!«

Das irre Monster Ulf verkündet seinem irren
Monsterfreund Gnulf: »Du, Gnulf, ich glaube,
dieses Jahr ist Weihnachten an einem Freitag.«
Darauf Gnulf: »Na hoffentlich nicht an
einem Dreizehnten!«

Winnetou und Old Shatterhand sitzen in der Prärie.
Winnetou hat ein Feuer entfacht und schickt Old
Shatterhand immer wieder los, um mehr Holz zu holen.
Irgendwann wird es Old Shatterhand zu bunt:
»Sag mal, wie viel Holz brauchst du denn für deine
blöden Rauchsignale?«
»Noch ganz schön viel – das ist ein Ferngespräch!«

Warum isst Dummtroll keine Brezeln?
Weil er den Knoten nicht aufkriegt!

Was spielen Skelette beim Kindergeburtstag?
Sarghüpfen

Supermäh und Spidermäh sitzen im Kino.
Flüstert Spidermäh: »Du, Supermäh, ich glaub, mein Hintern ist eingeschlafen.«
Zischt Supermäh zurück: »Dann pass bloß auf, dass er nicht anfängt zu schnarchen!«

Dummtroll zu seinem Vater: »Eins verstehe ich nicht: Ich kann literweise Sonnenmilch trinken und kriege trotzdem jedes Mal einen Sonnenbrand!«

Zwei Skelette sind im Urlaub.
Sagt das eine: »Lass uns an den Strand gehen.«
Darauf das andere: »Lieber nicht. Mit unserer Figur blamieren wir uns doch bis auf die Knochen!«

Sagt eine Wahrsagerin zu ihrem Mann vorm Einschlafen: »Ich bin noch gar nicht müde. Komm, gib mir deine Hand, ich will noch etwas lesen.«

Was bekommt man, wenn man ein
Rind mit einem Werwolf kreuzt?
Einen Burger, der zurückbeißt!

Dummtroll betritt eine Bäckerei und bestellt
100 Brötchen.
Darauf die Verkäuferin entgeistert: »Sind Sie sicher?
Da wird Ihnen ja die Hälfte trocken.«
»Ach, das macht nichts«, erwidert Dummtroll.
»Dann esse ich eben von der anderen Hälfte.«

Supermäh und Spidermäh machen
Urlaub am Meer. Spidermäh taucht
seinen Finger ins Wasser, leckt ihn ab und schreit:
»Igitt, ist das salzig!«
Es schmeißt drei Stücke Zucker ins Meer
und probiert erneut.
Keine Veränderung.
Darauf Supermäh kopfschüttelnd:
»Du brauchst dich gar nicht zu wundern,
du hast ja auch nicht umgerührt!«

Zwei Mammuts geraten in einen
Meteoritenhagel.
Sagt das eine: »Lass uns gehen,
es fängt an zu regnen!«

Die zwei irren Monster Ulf und Gnulf
rudern gemächlich auf einem See.
Plötzlich schreit Ulf: »Guck mal, Gnulf, Pinguine!
Daraus macht man Pelzmäntel!«
Gnulf guckt ihn tadelnd an: »Was du wieder für einen
Unsinn quatscht! Das sind doch keine Pinguine,
das sind Pelikane und daraus macht man Füller!«

Wie nennt man einen doofen Dinosaurier?
Idiotosaurus!

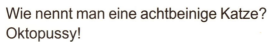

Wie nennt man eine achtbeinige Katze?
Oktopussy!

Supermäh und Spidermäh spielen eine Runde Poker.
Plötzlich ruft Supermäh entrüstet:
»He, du spielst falsch!«
Darauf Spidermäh: »Wie kommst du denn darauf?«
»Das sind nicht die Karten, die ich dir gegeben habe!«

Was sagt ein Kannibale, wenn er
morgens früh einen Schlafenden im Bett entdeckt?
»Ah, wie gemütlich! Frühstück im Bett!«

Was ist hässlich und grässlich und geht im Kreis herum?
Hexe Flitzewitz in der Drehtür!

Worauf reitet Hexe Flitzewitz im Winter?
Auf einem Schneebesen!

Was ist das Lieblingsgetränk des Teufels?
Dämonade!

Was wächst bei Hexe Flitzewitz im Garten?
Ein Hokus-Krokus!

Wie nennt man eine Fee, die sich niemals wäscht?
Stinkerbell!

Dummtroll wird mit einer Pilzvergiftung ins
Krankenhaus gebracht.
»Dummtroll, du weißt doch, dass du nur Pilze essen
darfst, die du auch kennst!«, sagt der Arzt.
»Habe ich doch! Ich kenne eben nur den Fliegenpilz.«

Fragt Supermäh: »Spidermäh,
warum haben manche Hunde blaue Augen?«
»Ist doch klar! Damit sie sich besser in
Pflaumenbäumen verstecken können!«
»Bist du sicher? Ich habe noch nie einen Hund im
Pflaumenbaum gesehen.«
»Da siehst du mal, wie gut die sich
verstecken können!«

Käpt'n Kraterbacke sitzt in einer Hafenspelunke und
schlürft Rum. Davon muss er ganz dringend aufs Klo.
Damit keiner seinen Rum anrührt, legt er listig
einen Zettel auf das Glas, auf dem steht:
»Finger weg, habe reingespuckt!«
Als er zurückkommt, steht auf dem Zettel:
»Ich auch!«

»Ich wette um eine Buddel Rum, dass ich mir ins rechte
Auge beißen kann!«, tönt Käpt'n Kraterbacke.
»Glaub ich nicht!«, bellt Käpt'n Flintenfluch zurück.
Da nimmt Käpt'n Kraterbacke sein Glasauge heraus
und beißt hinein. »Verloren!«, freut er sich.
Das lässt Flintenfluch nicht so stehen: »Nichts da,
das ist ja noch gar nichts! Wetten, dass ich mir ins linke
Auge beißen kann?«, ruft er.
›Ich bin sicher, der Kerl hat kein Glasauge‹,
denkt Kraterbacke und wettet dagegen.
Da nimmt Flintenfluch grinsend sein Gebiss heraus
und beißt sich damit ins linke Auge. »Los, her mit dem
Rum!«, schreit er.

Warum waren die Dinosaurier so runzelig?
Weil sich keiner getraut hat, sie zu bügeln!

Die beiden irren Monster Ulf und Gnulf fahren in den Urlaub. Endlich angekommen, schreit Ulf plötzlich auf.
»Gnulf! Wir müssen sofort nach Hause, ich habe vergessen, die Kaffeemaschine auszuschalten! Das Haus brennt ab!«
»Beruhige dich«, antwortet Ulf. »Da kann gar nichts passieren. Ich habe nämlich vergessen, das Badewasser abzustellen.«

Sagt Ulf zu Gnulf: »Woher hast du denn die Beule am Kopf?«
»Siehst du die Glastür da?«, fragt Gnulf zurück.
»Natürlich.«
»Ich habe sie leider nicht gesehen!«

Sagt Supermäh zu Spidermäh: »Weißt du eigentlich, dass die meisten Menschen nur ein Drittel ihres Gehirns benutzen?«
Spidermäh ist überrascht: »Und was machen sie dann mit dem anderen Drittel?«

Supermäh besucht Spidermäh:
»Geht's dir wieder gut?«
»Gut nicht, aber schon besser«, erklärt Spidermäh.
»Ist doch gut, wenn es dir schon besser geht!«
»Ja, aber besser wäre es, wenn es mit gut ginge!«

Supermäh sieht Spidermäh bewundernd
zu, wie dieser eine Raupe in Stein meißelt.
»Ist das nicht sehr schwirig,
eine Raupe zu meißeln?«, fragt er.
»Nein, gar nicht«, antwortet Spidermäh.
»Du stellst dich einfach vor den Stein und haust alles
weg, was nicht aussieht wie eine Raupe.«

Käpt'n Kraterbacke schaut
mit seinem Fernrohr in den Sternenhimmel.
Plötzlich fällt eine Sternschnuppe vom Himmel.
»Schau mal«, sagt der Schiffsjunge bewundernd
zum Steuermann, »der Käpt'n hat schon
wieder einen erwischt!«

Was ist das Lieblingstier von Graf Dracula?
Natürlich die Giraffe, die hat den längsten Hals!

Inspektor Hyperkorrekt hält James Blond an.
»Können Sie sich ausweisen?«
James kramt in seiner Tasche, holt einen Spiegel
hervor, blickt hinein und sagt erleichtert: »Ja, ich bin's!«

Supermäh und Spidermäh sehen
zum ersten Mal Wasserski.
»Warum fährt das Boot so schnell?«, fragt Spidermäh.
»Guck doch mal genau hin, der Mann am Strick
verfolgt es.«

Dummtroll ist aus seinem Amerika-Urlaub zurück
und besucht seine irren Monsterfreunde Ulf und Gnulf.
»Stellt euch vor, ich habe Häuptling ›Fließendes Wasser‹
und seine beiden Söhne kennengelernt.«
»Toll!«, sagt Ulf. »Und wie heißen die Söhne?«
»Na, wie wohl«, sagt Dummtroll,
»Heiß und Kalt natürlich!«

Was schwebt durch
die Nacht und macht »Hhhhhhhhhub«?
Ein Gespenst im Rückwärtsgang!

Zwei Kannibalen verfolgen im Fernsehen gespannt eine Sendung, in der eine Operation gezeigt wird. Sagt der eine begeistert: »Toll, diese Kochshows!«

Wie heißt der Wolkenkratzer von Graf Dracula?
Vampire State Building!

»Draki!«, schimpft Graf Dracula
seinen Sohn aus. »Also wirklich!
Wie kannst du ›Vampir‹ bloß mit W schreiben?«
»Ich kann nichts dafür, auf meiner Tastatur
klemmt die F-Taste!«

Kommt Graf Dracula in eine Metzgerei und verlangt:
»500 Gramm Blutwurst – aber bitte ohne Wurst.«

Supermäh und Spidermäh betreten ein schickes Autohaus und suchen sich den neuesten Ferrari aus. Als es ans Bezahlen geht, sagt Spidermäh: »Jetzt bist du dran, ich habe vorhin das Eis bezahlt!«

Wo finden Gespenster immer einen Job?
In Restaurants – als Tischtücher!

Was essen Gespenster am liebsten?
Natürlich Spuk-ghettis!

Wo leben die meisten Gespenster?
In Buh-dapest!

Womit waschen sich Gespenster die Haare?
Mit Sham-Buh!

Wie heißt der Lieblings-DJ der Gespenster?
DJ Buh-Buh!

Wie heißen die drei Geschwister vom Werwolf?
Weswolf, Wemwolf und Wenwolf!

Was ist das Lieblingslied der Werwölfe?
Der Mond ist aufgegangen …

Zwei Geisterjäger finden eines
Nachts eine frische Werwolfspur im Wald.
Flüstert der eine begeistert: »Endlich! Los,
wir verfolgen die Spur!«
Darauf der andere zitternd: »Äh, o. k. – sieh du nach,
wohin die Bestie gegangen ist, ich werde herausfinden,
woher sie gekommen ist!«

»Was heißt Hexe auf Englisch?«
»Ist doch leicht: Witch.«
»Und wie nennt man eine Hexe,
die am Strand wohnt?«
»Natürlich Sand-Witch!«

Hexe Flitzewitz besucht ihre alte Freundin Hexe
Schlammpapü.
»Warum schmeißt du denn deine
Kristallkugel weg?«, fragt sie erstaunt.
»Ach weißt du, ich sehe darin einfach
keine Zukunft mehr ...«

Wie heißt der Teufel mit Vornamen?
Pfui! Pfui Teufel!

Warum müssen Riesen im Wald immer lachen?
Weil die Bäume sie unter den Achseln kitzeln!

Die zwei irren Monster Ulf
und Gnulf machen einen Waldspaziergang.
Plötzlich ruft Ulf: »Guck mal, Gnulf,
da vorne ist ein Ameisenhaufen!«
Darauf Gnulf beeindruckt: »Irre! Wie kann so ein
kleines Tier nur so einen großen Haufen machen!«

Zwei Riesen joggen durch die Landschaft. Plötzlich
bleibt der eine stehen und jault auf.
»Was ist denn mit dir los?«, fragt der andere.
Darauf der erste: »Mir ist ein Adler ins Auge geflogen!«

Gut gelaunt spaziert Dummtroll in die Schreinerei.
»Guten Tag. Könnten Sie mir eine Kiste bauen, die 10
Zentimeter breit, 10 Zentimeter hoch und
20 Meter lang ist?«
Der Schreiner kratzt sich nachdenklich die Glatze und
sagt: »Tja, das ginge schon, aber wofür brauchst du
denn so eine komische Kiste?«
Dummtroll stolz: »Für meinen neuen Gartenschlauch!«

Supermäh wundert sich.
»Du, Spidermäh, wieso frühstückst
du denn jetzt? Es ist doch Abend.«
Darauf Spidermäh verschmitzt: »Weil ich so
unglaublich schlau bin. Denn wenn ich
jetzt schon frühstücke, brauche ich morgen nicht
so früh aufzustehen!«

Inspektor Hyperkorrekt stoppt ein Auto mit zwei
Fahrrädern auf dem Dachgepäckträger.
Im Auto sitzt ein Vampir.
»Haben Sie etwas getrunken?«, fragt er die
blasse Gestalt.
Der Vampir antwortet: »Nur zwei Radler ...«

Supermäh ist sauer.
»Spidermäh! Jetzt hast du schon vier Stücke
von meiner Superkleetorte gegessen, obwohl du nur
eins durftest!«
»Oh, entschuldige«, schmatzt Spidermäh.
»Da habe ich mich wohl verzählt.«

Bettmäh sitzt mit einer Tüte Äpfel auf einer Wiese.
Es nimmt einen, schält ihn, halbiert ihn, viertelt ihn und
entkernt ihn. Dann bestreut es ihn mit Salz und
schmeißt ihn hinter sich.
Supermäh und Spidermäh beobachten das Ganze
und fragen: »Bettmäh, magst du keine Äpfel?«
»Doch, aber keine gesalzenen!«

Drei Männer sitzen beim Psychiater im Wartezimmer.
Sagt der eine: »Ich bin Asterix!«
Darauf der zweite: »Wer hat dir denn das gesagt?«
»Na der liebe Gott!«, erwidert der erste.
Steht der dritte auf und sagt: »Was soll ich gesagt haben?«

Inspektor Hyperkorrekt muss mal wieder hart durchgreifen und den völlig betrunkenen James Blond aus dem Verkehr ziehen:
»Hände weg vom Steuer, James!«
Lallt James: »Sie sind lustig, soll ich in meinem Zustand auch noch freihändig fahren?«

Inspektor Hyperkorrekt freut sich auf seinen Tomatenfisch aus der Dose.
Doch die Dose leistet Widerstand. Erst reißt die Lasche ab, dann versagt der Dosenöffner und verbeult die Seitenwände. Der Deckel ist auch schon eingedrückt.
Jetzt wird's dem Inspektor zu bunt. Wütend haut er mit seinem Gummiknüppel auf der Dose herum und schreit: »Sofort aufmachen! Polizei!«

Dummtroll hat sich ein gebrauchtes Auto gekauft.
Stolz zeigt er es seinen Monsterfreunden Ulf und Gnulf.
»Jetzt brauche ich nur noch einen Namen dafür«,
sagt er.
»Hm«, überlegt Gnulf. »Nenn es doch Storch.«
»Storch? Warum das denn?«
»Na, weil es so klappert!«

Treffen sich zwei Wahrsager: »Einen wirklich herrlichen
Herbst haben wir!«
»Da stimme ich Ihnen voll zu«, antwortet der andere.
»Fast so schön wie der Herbst im Jahre 2073!«

Die irren Monster Ulf und Gnulf machen
Urlaub im Süden.
»40 Grad im Schatten, wer soll das bloß aushalten?!«,
stöhnt Ulf.
Gnulf rollt mit den Augen: »Dann geh halt nicht in den
Schatten!«

Supermäh und Spidermäh stellen sich gegenseitig kniffelige Fragen, um ihre Superhirne zu trainieren.
Supermäh beginnt: »Also, Spidermäh, stell dir vor, du sitzt in einem Auto. Links von dir ist ein Abgrund, rechts von dir ein Feuerwehrauto. Vor dir galoppiert ein Schwein, das größer ist als dein Auto, und hinter dir fliegt ein Hubschrauber auf Bodenhöhe. Wie kommst du heile aus dieser gefährlichen Situation raus? Hm?« Spidermäh überlegt fieberhaft hin und her. Schließlich schüttelt es genervt den Kopf.
Darauf Supermäh triumphierend: »Ist doch ganz einfach: Steig endlich vom Karussell ab!«
»Na gut, jetzt bin ich dran!«, sagt Spidermäh.
»Pass auf. Das luxuriöse Kreuzfahrtschiff Prinzessin Andromeda liegt im Hafen und muss überholt werden. Also streicht ein Matrose ihren Bug. Er steht auf einer Strickleiter, deren unterste Sprosse 10 cm über dem Wasserspiegel hängt. Die einzelnen Sprossen sind je 25 cm auseinander. Plötzlich kommt die Flut, der Wasserspiegel steigt um 65 cm. Und nun die Frage: Wie viele Sprossen muss der Matrose höher steigen, um keine nassen Füße zu bekommen?
Spidermäh grinst und Supermäh rechnet.
»Ich hab's! Vier!«
Spidermäh schüttelt nachsichtig den Kopf. »Falsch! Er braucht überhaupt nicht höher zu klettern, das Schiff liegt immer gleich auf dem Wasser!«

James Blond hat eine Reifenpanne. Fluchend steigt er aus und guckt sich das Malheur genauer an.
Erleichtert seufzt er: »Puh! Noch mal Glück gehabt, der Reifen ist nur unten platt!«

Sagt Supermäh zu Spidermäh: »Spidermäh! Gerade hat das Fundbüro angerufen. Dein Netz, das du seit Tagen suchst, ist dort!«
»Komisch, ich war doch gar nicht im Fundbüro!«

Sagt Ulf zu Gnulf: »Gnulf, würdest du bitte im Garten die Blumen gießen?«
»Aber es regnet doch!«
»Dann zieh dir doch deinen Regenmantel an!«

Bettmäh liegt bäuchlings auf der Wiese.
Kommt Spidermäh des Weges und fragt:
»Was ist denn mit dir los?«
»Ich habe etwas verloren.«
»Und was hast du verloren?«
»Mein Gleichgewicht!«

Ein Mann stürzt aufgeregt in eine Arztpraxis:
»Herr Doktor, Herr Doktor, mich hat gerade
ein Vampir gebissen!«
»Was?! Trinken Sie sofort dieses Glas Wasser!«
»Und das hilft?«
»Natürlich nicht! Ich will nur sehen,
ob Ihr Hals noch dicht ist!«

Wenn Mumien einkaufen

Supermäh und Spidermäh spazieren an einem ausgetrockneten Flussbett entlang.
Da fragt Supermäh: »Was glaubst du, wo der ganze Kies hier im Flussbett herkommt?«
Darauf Spidermäh: »Ich denke, den hat der Fluss mitgebracht. Doch wo ist der Fluss jetzt?«
Supermäh: »Kombiniere, das ist sonnenklar. Der Fluss ist Kies holen!«

Inspektor Hyperkorrekt stoppt mal wieder James Blond.
Doch diesmal darf er eine gute Nachricht verkünden:
»Gratuliere, James, Sie sind der 1000. Fahrer auf dieser Straße. Aus diesem Grund überreiche ich Ihnen nun 1000 Euro. Wissen Sie schon, was Sie mit dem Geld machen wollen?«
Darauf der überglückliche Held:
»Endlich meinen Führerschein!«

Dummtroll ist mit seiner Fußballmannschaft auf dem Fundbüro.
»Was wollt ihr denn hier?«, fragt sie der Angestellte.
»Wir haben ein Spiel verloren!«
»Könnt ihr es beschreiben?«

Dummtroll geht spazieren. Da entdeckt er eine Pfütze, in der eine Möhre schwimmt.
Sagt Dummtroll mitfühlend: »Armer Schneemann!«

Eine Prinzessin geht im Wald spazieren.
An einer Lichtung trifft sie einen Dschinn.
Der spricht: »Holde Prinzessin, Ihr habt einen Wunsch frei.«
Die Prinzessin ist entrüstet: »Na, hör mal, im Märchen hat man immer drei Wünsche frei!«
Darauf der Geist: »Bei mir ist das anders. Bei mir hast du nur einen.«
Da sagt die Prinzessin: »Na gut, ich wünsche mir ein Krönchen.«
Nun ist der Dschinn entrüstet: »Ein Krönchen? Bedenkt, Prinzessin, Ihr könntet euer ganzes Volk glücklich machen!«
Die Prinzessin seufzt: »Na meinetwegen: Krönchen für alle!«

Inspektor Hyperkorrekt winkt ein Auto raus.
Er ist auf hundertachtzig.
Im Wagen sitzt ein Paar.
»Sind Sie noch zu retten, guter Mann? Hier ist Zone 30 und Sie brettern hier mit 50 durch!«, blafft er den Fahrer an.
»Ich bin nicht 50, sondern höchstens 35 gefahren«, entgegnet der Mann.
Da meldet sich seine Frau zu Wort: »Red keinen Quatsch, du bist sogar 60 gefahren!«
Inspektor Hyperkorrekt: »Das wird ja immer besser, und wie ich sehe, ist Ihr Scheinwerfer kaputt.«
Der Mann winkt ab: »Davon weiß ich nichts!«
»Tu doch nicht so, seit Wochen sage ich dir, lass endlich den Scheinwerfer reparieren!«, motzt die Frau.
»Und angegurtet sind Sie auch nicht! Das wird teuer!«, sagt der Inspektor kopfschüttelnd.
Der Mann entschuldigend: »Der Gurt muss sich gerade gelöst haben ...«
Die Frau: »Blödsinn, du gurtest dich doch nie an!«
Jetzt reicht es dem Mann und er schimpft: »Halt doch einfach mal deinen Mund!«
Inspektor Hyperkorrekt ist fassungslos:
»Schreit Ihr Mann Sie öfter so an?«
Darauf die Frau: »Nein, nur wenn er betrunken ist!«

Supermäh und Spidermäh machen Ferien an der Nordsee. Fröhlich machen sie sich auf den Weg zum Strand.
Supermäh ist als Erster da und ruft seinem Freund geschockt zu: »Spidermäh, wir haben einen neuen Auftrag: Das Meer ist entführt worden!«

Der Wolf und die sieben Geistlein

Dummtroll hat seine erste Fahrstunde.
Gleich zu Beginn ist er ganz verwirrt.
»Diese doofen Fußgänger laufen einem ja ständig vor dem Auto rum!«, beschwert er sich.
Der Fahrlehrer beruhigt ihn: »Nicht aufregen, Dummtroll, jetzt fahren wir erst mal vom Gehweg runter auf die Straße, dann wird das gleich besser!«

Warum läuft Dummtroll mit einer
Zahnpastatube auf dem Kopf herum?
Weil auf der Tube steht: Bitte auf den Kopf stellen!

Treffen sich zwei Vampire. Fragt der eine:
»Na, wie geht's denn so?«
Sagt der andere: »Na ja, man beißt sich so durch.«

Was ist das Lieblingsspiel von Seeungeheuern?
Schiffe versenken!

Ein Mann kommt zu Hexe Flitzewitz und bittet sie,
für ihn in die Zukunft zu sehen.
Die Hexe schaut aufmerksam in ihre leuchtende
Kristallkugel und ruft: »Oh! Ich sehe etwas ganz
Schreckliches, Ihre Schwiegermutter wird
morgen sterben!«
Darauf der Mann: »Das weiß ich selbst,
ich will wissen, ob ich geschnappt werde!«

James Blond steht auf einer Brücke und schmeißt
seinen schicken Anzug hinunter in den Fluss.
Da kommen Supermäh und Spidermäh des Weges.
»James, dein schöner Anzug! Warum machst du denn
so was?«, fragt Supermäh.
»Na, weil mein Arzt gesagt hat, dass bei mir eine
Grippe im Anzug ist!«

Fell- und Federspäße

Ein Mann will heimlich die Katze seiner Frau loswerden und beschließt, sie auszusetzen. Er packt sie ins Auto, fährt 20 Häuser weiter, setzt sie aus und fährt gut gelaunt wieder nach Hause. Doch zehn Minuten später ist auch die Katze wieder da.
›So ein Mist!‹, denkt der Mann. ›War wohl nicht weit genug.‹
Also setzt er sich samt Katze wieder ins Auto, fährt nun jedoch 5 Kilometer, bevor er sie aussetzt. Doch zu seiner Überraschung wartet die Katze zu Hause bereits auf ihn.
Jetzt reicht's ihm aber wirklich. Er nimmt die Katze, fährt 20 Kilometer Landstraße, über eine Brücke, rechtsherum, linksherum und setzt die Katze schließlich mitten in einem Wald auf einer Lichtung aus.
Eine halbe Stunde später klingelt bei seiner Frau zu Hause das Telefon. Am anderen Ende der völlig entnervte Mann.
»Ist die Katze da?«, fragt er.
»Ja, warum?«
»Hol sie mal ans Telefon, ich habe mich verfahren!«

Was ist der klebrigste Vogel der Welt?
Der UHU!

Wer hangelt sich von Klotür zu Klotür und
hält eine Banane in der Hand?
Der Klo-rilla!

Warum kann man Mäuse nicht melken?
Weil der Eimer nicht drunterpasst!

Was passiert, wenn eine Giraffe nasse Füße hat?
Dann bekommt sie in einer Woche Schnupfen!

Eine Ziege und eine Schnecke wollen eine Gehaltserhöhung.
Als die Ziege zum Büro des Chefs kommt, hält die Schnecke ihr schon ihre Erhöhung entgegen.
»Wie hast du das denn geschafft?«, fragt die Ziege.
»Tja, schleimen muss man können, nicht meckern!«

Was ist schwarz, weiß und rot?
Ein Pinguin mit Sonnenbrand!

»Ihr Hund sieht ja gefährlich aus!
Wo haben Sie den denn her?«
»Der ist mir in Afrika zugelaufen, ich habe ihm nur die Mähne etwas gestutzt.«

Schneckenkind darf zum ersten Mal alleine spazieren gehen.
»Pass auf, dass du in den Kurven nicht ins Schleudern gerätst!«, warnt die besorgte Mama.

Wie nennt man einen Hund auf einem Segelboot?
Yachthund!

»Niemand ist perfekt!«, sagt der
Neunhundertneunundneunzigfüßler.

Wie nennt man »Kuh-Diebstahl« auf Englisch?
Oxfort!

Was ist das: Sitzt auf einem
Baum und ruft immer »Aha«?
Ein Uhu mit Sprachfehler!

Zwei Schnecken wollen eine Straße überqueren.
Nachdem sie sich zehnmal vergewissert haben,
dass die Straße frei ist, sagt die eine zur anderen:
»Jetzt schnell, wir können!«
Darauf die andere: »Bist du wahnsinnig?
In drei Stunden kommt der Schulbus!«

Ricky betritt eine Zoohandlung und sagt:
»Ich hätte gerne ein Kaninchen.«
Der Verkäufer zeigt ihm zwei. »Wie wäre es mit diesem putzigen braunen Felltraum mit den schönen, langen Flauschohren? Oder möchtest du lieber dieses wuschelige, puschelige mit dem goldigen Stupsnäschen?«
Ricky überlegt kurz und antwortet: »Ich schätze, das ist meinem Python egal!«

Zwei Hühner hacken Holz. Plötzlich fliegt ein Pferd über sie hinweg. Kurz darauf drei weitere und nach einer Weile noch eins.
Da lässt das eine Huhn die Axt sinken und sagt verwundert: »Die Zugpferde sind dieses Jahr aber früh dran!«

»Aber Klein-Daisy, warum schüttest du den Hühnern denn Kakao ins Futter?«, fragt Bauer Zwiebelmett verstört.
»Ich will, dass sie Schokoladeneier legen!«

Warum sind die Fische wohl stumm?
Versuch du doch mal zu reden, wenn dein Kopf unter Wasser ist!

Sitzen zwei Ponys vorm Ofen.
Sagt das erste: »Feuer mal den Ofen an!«
»O.k.«, sagt das zweite. »Ofen vor, noch ein Tor!«
Das erste genervt: »Nein, so doch nicht! Du sollst den Ofen anmachen!«
»Ach so! Na, Ofen, heute Abend schon was vor?«

Bauer Zwiebelmett hat eine kranke Kuh im Stall.
Besorgt fragt er seinen Nachbarn: »Du, Kurt, was hast du denn damals mit deiner Kuh gemacht, als die so krank war?«
»Ich hab ihr ein Glas Schnaps gegeben!«
Ein paar Tage später treffen sich die beiden Bauern wieder.
»Du Kurt, meine Kuh ist gestorben.«
»Das kenn ich, meine damals auch!«

Zwei Fliegen spazieren auf einer Glatze umher.
»Hach, kannst du dich noch an früher erinnern?
Es gab Zeiten, da haben wir hier Verstecken gespielt!«

Das Tausendfüßler-Kind ist verzweifelt.
»Mama, der Schuh drückt, der Schuh drückt!«
Die Mutter ist ratlos: »Welcher denn, mein Kind, welcher?«

Zwei Faultiere hängen im Baum.
Nach drei Monaten gähnt das eine.
Darauf das andere: »Du machst mich ganz nervös mit deiner Hektik!«

Evi geht in eine Tierhandlung.
»Wie viel kostet so ein kleiner Goldfisch?«, fragt sie.
»Fünf Euro!«, antwortet der Verkäufer.
Evi: »Oh, so viel? Haben Sie auch Silberfische?«

»Einfach toll, wie Ihr Dackel das Stöckchen
wiederbringt. Haben Sie ihm das beigebracht?«
»Nein, das hat er sich selbst beigebracht,
er ist ein Autodidackel!«

Zwei Hundebesitzer treffen sich auf der Wiese.
»Mein Wuschel wird immer fauler«,
beschwert sich der eine.
»Inwiefern?«
»Früher brachte er mir immer die Leine, wenn er rauswollte, mittlerweile schleppt er den Autoschlüssel an!«

Ein kleiner Pekinese geht spazieren. Da fällt sein Blick auf einen Labrador, der von einem Balkon herunterschaut.
»Komm doch runter – spielen!«, bellt der Pekinese.
»Wie denn? Ich bin allein zu Hause!«,
bellt der andere zurück.
»Du kannst doch runterspringen!«
»Bist du verrückt? Dann sehe ich ja aus wie du!«

Eine Katze sieht zum ersten Mal in ihrem Leben eine Fledermaus.
»So ein Mist, jetzt fangen die Biester auch noch an zu fliegen!«

Frau Tüpfel öffnet dem Klempner die Tür und sagt:
»Fangen Sie ruhig schon mal an,
ich muss noch mal kurz weg. Kümmern Sie sich
nicht um meine Dogge und sprechen Sie auf
keinen Fall mit dem Papagei.«
Ängstlich betrachtet der Mann den riesigen Hund,
fängt dann aber doch mit seiner Arbeit an.
Plötzlich beginnt der Papagei den Klempner zu
beschimpfen, mit Erdnüssen zu bewerfen und wie ein
Irrer zu kreischen.
Da platzt dem Mann der Kragen und er schreit den
Vogel an: »Wenn du nicht sofort aufhörst,
dreh ich dir den Hals um!«
Der Papagei grinst und krächzt: »Los, Drago, fass!«

Sitzt ein Huhn im Restaurant.
»Herr Ober, ich hätte gerne einen Eierbecher,
einen Eierlöffel und Salz. Den Rest kann ich alleine.«

»Mama, wie werden eigentlich Wale geboren?«,
fragt Mia.
Die Mutter überlegt einen Moment: »Nun, also …«
Mia: »Jetzt sag bloß nicht, die bringt der Storch!«

Ein dicker Bär rennt durch den Wald und schreit wie
verrückt: »Kugel! Kugel! Kugel!«
Das Eichhörnchen hält sich die Ohren zu und ruft:
»Mann, Bär, warum schreist du denn immer ›Kugel‹?«
Darauf der Bär stolz: »Weil ich ein
Kugel-Schrei-Bär bin!«

Karlchen betritt ein Zoogeschäft.
»Ich hätte gerne eine Riesenschildkröte.«
»Tut mir leid, mein Junge, so ein Tier haben wir nicht.
Was willst du denn damit?«
»Ich will sehen, ob die wirklich 200 Jahre
alt werden können.«

Sagt ein Eisbär zum anderen:
»Komm, wir machen Urlaub in Südamerika.«
»Was sollen wir denn in Südamerika?«,
fragt der andere.
»Wir legen uns in die Sonne und werden Braunbären!«

Karla und ihr Papa machen einen Waldspaziergang.
»Hör mal, Papa, es klopft!«
»Das ist ein Specht«, erklärt der Vater.
»Warum klopft der denn so?«, will Karla wissen.
»Er sucht nach Insekten, die unter der
Baumrinde wohnen.«
»Ach, und die machen auf, wenn er anklopft?«

Frau Tüpfel wartet vergebens auf den Elektriker.
Nach einiger Zeit ist sie es leid und geht einkaufen.
Kaum ist sie fort, läutet es.
»Wer ist denn das wohl?«, fragt Lora, ihr Papagei.
»Der Elektriker«, ruft es von draußen.
»Wer ist denn das wohl?«, fragt Lora erneut.
»Der Elektriker«, antwortet dieser wieder.
Das geht so eine ganze Weile.
Endlich kommt Frau Tüpfel vom Einkaufen zurück
und findet einen völlig entnervten Herrn vor ihrer Tür.
Erstaunt ruft sie: »Wer ist denn das wohl?«
»Der Elektriker!«, ruft Lora.

Was ist klein und schwarz und
dreht sich auf der Wiese?
Ein Maulwurf beim Hammerwerfen!

Was ist klein und schwarz und hüpft im Kreis?
Ein Maulwurf, dem der Hammer auf die Füße
gefallen ist!

Martha erzählt ihrer Freundin: »Unsere Katze hat auf der Vogelausstellung den ersten Preis geholt!«
»Wie das denn?«, fragt die Freundin verwundert.
»Die Käfigtür stand auf!«

Treffen sich zwei Hunde im Park.
Sagt der eine: »Ich mache mir ernsthaft Sorgen um den Verstand meines Herrchens. Jetzt bringe ich ihm schon zum hundertsten Mal den Ball zurück und er wirft ihn immer wieder weg!«

Was ist der Unterschied zwischen einem Pianisten und einem Marienkäfer?
Der Pianist hat nur einen Flügel!

»Sag mal, Finn, weißt du, wo unser Papagei ist?«, fragt Susi ihren Bruder.
»Nein, aber ich habe einen Verdacht. Unsere Katze ruft seit gestern ständig: ›Lora, Lora!‹«

Frau Primelschuh führt ihren Hund im Park aus.
Da kommt ihr ein Mann entgegen, mit einem dicken
Kürbis an der Leine.
Frau Primelschuh erschrickt, denkt sich aber:
›Mit Spinnern muss man vorsichtig umgehen.‹
Also sagt sie: »Das ist aber ein süßer Hund,
den Sie da haben.«
Darauf der Mann: »Das ist kein Hund,
das ist ein Kürbis!«
»Puh«, sagt Frau Primelschuh erleichtert, »und ich
dachte schon, Sie würden spinnen und den
Kürbis für einen Hund halten!«
Der Mann beginnt, den Kürbis zu streicheln, und sagt:
»Na so was – hast du das gehört, Fiffi?«

Zwei Tausendfüßler schauen entzückt einer
süßen Biene hinterher.
Sagt der eine: »Wow, hast du die Beine gesehen?«
Darauf der andere: »Ja, nicht schlecht, aber eindeutig
zu wenige!«

Die Taubenmutter ist sauer.
»Jetzt habt ihr ja schon wieder ins Nest gemacht! Ihr
seid wirklich alt genug, um aufs Denkmal zu gehen!«

Schimpft der Elefantenpapa mit seinem Sohn:
»Weg mit der Geige, du spielst Trompete wie wir alle!«

Was flattert durch die Luft und funkelt in der Sonne?
Ein Schmetterling mit Goldzahn!

Zwei Mäuse begegnen einer großen Katze. Die eine
weicht erschrocken zurück, die andere hingegen fängt
laut an zu bellen. Völlig verwirrt haut die Katze ab.
Da sagt die Maus, die gebellt hat, triumphierend zu
ihrer Freundin: »Siehst du, wie wichtig es ist,
Fremdsprachen zu können!«

Kommt ein Pferd in einen Blumenladen
und fragt: »Ham 'se ma-geritten?«

»Sind Sie wahnsinnig?!«, schreit der
Zoodirektor den Pfleger an. »Sie haben
die Tür zum Tigerkäfig offen gelassen!«
Darauf der Tierpfleger: »Halb so schlimm, Chef,
wer klaut schon einen Tiger?«

Bauer Zwiebelmett ärgert sich über seinen Hahn und erzählt seinem Nachbarn: »Weißt du was, Kurt, unser Federvieh wird immer fauler. Wenn dein Hahn kräht, nickt meiner nur noch mit dem Kopf!«

»Operation geglückt!«, strahlt der Tierarzt und blickt zufrieden auf den großen Elefanten. »Und diesmal haben wir auch kein einziges Instrument mit eingenäht, Schwester Ilse. Schwester Ilse? Schwester Ilse, wo sind Sie?«

»Mama, wo sind die Mücken eigentlich im Winter?«
»Das weiß ich nicht, aber ich wünschte, sie blieben da auch im Sommer!«

»Hallo, ich brauche ein Mittel gegen Würmer«, sagt Johanna zu der Apothekerin.
»Für Kinder oder Erwachsene?«
Johanna zuckt die Schultern. »Woher soll ich denn wissen, wie alt die Würmer sind?«

Herr Hahnepiepel klopft missmutig auf seine Uhr. Doch die macht keinen Mucks mehr. Einfach stehen geblieben.
Vorsichtig öffnet er das Gehäuse, um den Schaden zu begutachten. Heraus fällt eine tote Ameise.
»Aha«, ruft er scharfsinnig, »Maschinist gestorben!«

»Wo ist Klein Kängu?«, fragt der Känguruvater
seine Frau.
Die schaut in ihren Beutel und erschrickt.
»Oh nein!«, ruft sie. »Im Kinderzimmer ist ein Loch!«

Die Affenmama beruhigt ihren Mann: »Sei unbesorgt,
alle Neugeborenen sehen erst einmal aus wie
Menschen!«

Was macht 999-mal »klick«, aber nur einmal »klack«?
Ein Tausendfüßler mit Holzbein!

Ein Nilpferd hüpft wie verrückt im Teich herum.
Fragt ein Zebra erstaunt: »Was soll denn
das Gehopse?«
»Ich habe gerade meine Medizin genommen,
aber vergessen, die Flasche vorher zu schütteln!«,
antwortet das Nilpferd atemlos.

»Keine Sorge, ich lasse dich nicht im Stich!«, sagt die Wespe und zieht vorsichtig ihren Stachel aus der Haut.

Eine kleine Schnecke kriecht durch die Wüste und murmelt die ganze Zeit: »Ne, ne, ne …«
Kommt eine zweite Schnecke des Weges und fragt verwundert: »Warum sagst du denn die ganze Zeit ›Ne, ne, ne‹?«
Darauf die erste: »Ne, ne, ne, so viel Sand und keine Förmchen!«

Ein Regenwurm kriecht aus der Erde,
sieht einen anderen Regenwurm und freut sich
auf ein Schwätzchen.
»Schönes Wetter heute, nicht wahr?«, fragt er.
Doch er bekommt keine Antwort.
»Meinst du, das Wetter bleibt so schön?«, versucht er
es noch einmal.
Wieder keine Antwort.
Dann merkt er, was los ist. Verärgert verschwindet er
wieder in sein Loch und murmelt: »Verdammt,
ich werde alt! Jetzt bin ich schon wieder auf meinen
Schwanz reingefallen!«

Woran erkennt man, an welchem Ende ein Wurm
seinen Kopf hat?
Man kitzelt ihn in der Mitte und beobachtet,
welches Ende grinst!

Drei kleine Krebse spielen im Meer Klingelmännchen.
Da schwebt ein Seestern um die Ecke.
Ruft ein kleiner Krebs: »Vorsicht, der Sheriff kommt!«

Klein Daisy ist zu Besuch bei Bauer Zwiebelmett.
Der hat sich eine Schar Hühner zugelegt, die er
Klein Daisy zeigen will. Als sie den Stall betreten,
schlüpft gerade ein Küken.
Da ruft Klein Daisy erstaunt: »Guck mal,
Bauer Zwiebelmett, das Ei legt ein Küken!«

Eine Frau kommt zum Arzt.
Auf ihrem Kopf sitzt ein Frosch.
Fragt der Arzt erstaunt: »Was kann ich für Sie tun?«
Darauf der Frosch ganz unglücklich: »Helfen Sie mir,
Herr Doktor! Irgendetwas klebt an meinem Fuß!«

Ein Schwarm Zugvögel fliegt in schöner Formation gen
Süden. Für zwei junge Vögel ist es das erste Mal.
Fragt der eine den anderen: »Wieso fliegen eigentlich
alle dem alten Knacker da vorne hinterher?«
Darauf der andere: »Ich glaube, der hat die
Landkarte!«

»Frau Schnutziputzi, Ihre Katze hat meinen Wellensittich gefressen!«, empört sich die Nachbarin.
»Oh, danke. Gut, dass Sie das sagen, dann bekommt sie heute nichts mehr!«

Ein Hund kommt in ein Restaurant und macht es sich an einem Tisch bequem.
»Was darf ich Ihnen bringen?«, fragt der Ober.
»Eine Portion Bellkartoffeln bitte!«

Fragt eine Gans ihre Freundin: »Glaubst du an ein Leben nach Weihnachten?«

Was ist weiß und kann fliegen?
Die Biene Mayo!

Wie heißt die Biene mit Vornamen?
Umkleideka!

Wie macht ein Tintenfisch seiner Freundin
einen Heiratsantrag?
»Darf ich um deine Hand, Hand, Hand, Hand, Hand,
Hand, Hand, Hand anhalten?«

Wie nennt man einen Schafhirten,
der seine Schafe schlägt?
Mähdrescher!

Wir wollen witzefrei!

In der Englischstunde.
Lehrer Nervig: »Mats, was heißt Glocke auf Englisch?«
Mats zuckt mit den Schultern: »Weiß nicht.«
Lehrer Nervig hilft: »Bell, Mats, bell.«
Mats erfreut: »Wuff, wuff!«

Lehrer Nervig: »Wer kann mir sagen,
welcher Vogel kein Nest baut?«
Rudi: »Der Kuckuck!«
Lehrer Nervig erfreut: »Sehr richtig, Rudi,
und warum?«
Rudi: »Weil er in Uhren lebt!«

Fragt die Mathelehrerin: »Was ist 5 + 5 – 10?«
»Eine Matheaufgabe!«, ruft Vicky.

Die Lehrerin möchte etwas erklären.
»Passt auf, Kinder. Ich mache jetzt hier auf dem Tisch
drei Haufen. Was gibt es denn da zu lachen?
Wenn ihr weiter so albern seid, setze ich gleich noch
einen vor die Tür!«, ruft sie wütend.

Tim ist unsterblich in Vanessa verliebt.
»Für dich würde ich bis ans Ende der Welt gehen.«
Darauf Vanessa genervt: »Aber versprich mir, dass du
dann auch wirklich dort bleibst!«

Der Lehrer wettert: »Sören, nimm sofort den
Kaugummi aus dem Mund und wirf ihn weg!«
»Geht nicht«, antwortet Sören kleinlaut,
»den hat Peter mir nur geliehen.«

Im Religionsunterricht fragt der Lehrer: »Wer kann mir
sagen, wie lange Adam und Eva im Paradies waren?«
»Bis zum Herbst!«, antwortet Klaus.
»Wieso bis zum Herbst?«
»Weil dann die Äpfel reif sind!«

Der Chemielehrer fragt: »Was passiert mit Gold,
wenn man es an der frischen Luft liegen lässt?«
»Es wird geklaut!«

Im Biologieunterricht:
»Wer kann mir sagen, warum der Hahn beim Krähen seine Augen schließt?«
»Weil er den Text auswendig kann!«

Lehrer Nervig ist entnervt.
»Wenn die Herrschaften in der dritten Reihe etwas leiser sein würden, so wie die Comicleser in der zweiten Reihe, dann könnten die Schüler in der ersten Reihe ungestört weiterschlafen!«

Ein Mathebuch ist der einzige Ort, wo es völlig normal ist, 53 Melonen zu kaufen und dann die Hälfte wieder abzugeben.

In Englisch wird die Steigerung von Wörtern durchgenommen.
Nach dem Unterricht fragt Lulu ihren Lehrer:
»Herr Nervig, wie wird ›first‹ gesteigert?«
Lehrer Nervig überlegt lange und antwortet:
»First, second, third.«
»Falsch«, triumphiert Lulu. »First, Förster, Oberförster!«

Der Lehrer erklärt: »Wenn man eine Katze gegen den Strich streichelt, entsteht Elektrizität.«
Ein Schüler meldet sich: »Und wo haben die Kraftwerke die ganzen Katzen her?«

Der Mathelehrer stellt eine Aufgabe.
»Hannes, nehmen wir an, du hättest 30 Euro geschenkt bekommen. Davon gibst du deinem Bruder 5 Euro, deiner Schwester 5 Euro und deinem Freund 5 Euro. Was hättest du dann?«
»Nicht alle Tassen im Schrank!«

Warum spielen Lehrer nie Verstecken?
Weil niemand sie suchen würde.

Lehrerin: »Wie heißt die Befehlsform von schweigen?«
Schüler: »Psst!«

Am Zeugnistag fragt Frau Müller ihren Sohn Lukas:
»Warum hat dein Freund Martin eigentlich immer viel bessere Noten als du?«
Lukas: »Ach, weißt du, Mama, er hat die Intelligenz seiner Eltern geerbt.«

Beim Elternsprechtag klagt der Klassenlehrer:
»Leider macht Ihr Sohn keinerlei Fortschritte beim
Multiplizieren und Dividieren.«
Darauf der Vater: »Ach, das macht nichts. Latein ist nicht
so wichtig, Hauptsache, der Junge kann rechnen!«

Carlo kommt mal wieder zu spät in die Schule.
»Was hat dich denn heute aufgehalten?«,
fragt seine Lehrerin.
Darauf Carlo: »Am Aufzug stand: nur für fünf Personen.
Es hat ewig gedauert, bis ich vier weitere gefunden
habe!«

Liebes Mathebuch,
werde doch endlich erwachsen und löse
deine Probleme selbst.

Emelie kommt weinend aus der Schule.
Fragt ihre Mama entsetzt: »Emelie, was ist denn los?«
Emelie: »Der Lehrer hat uns heute gefragt, was der
liebe Gott ist.«
»Ja, und was hast du geantwortet?«
»Dass der liebe Gott ein Sieb ist!«
»Aber Emelie, der liebe Gott ist doch kein Sieb,
er ist ein Schöpfer!«
»Siehst du, Mama, ich wusste doch, dass es
was aus der Küche ist!«

Was ist die Steigerung von leer?
Lehrer!

Julius seufzt: »Ach, ich wäre so gerne
ein Neandertaler!«
»Warum das denn?«, fragt Anna verständnislos.
»Dann müsste ich nicht so viele Geschichtszahlen
lernen.«

Oskar kommt ganz aufgekratzt aus der Schule.
»Papa, wir lernen jetzt Englisch, Latein und Algebra!«
»Sehr schön, mein Sohn«, erwidert der Vater, »und was heißt Guten Tag auf Algebra?«

»Rudi, auf welcher Seite des Körpers befindet sich das Herz?«, fragt Lehrer Nervig.
»Auf der Innenseite!«

»Wer kann mir sagen, was man unter Abendrot versteht?«, fragt die Lehrerin.
Oskar meldet sich. »Das ist der rote Himmel am Abend. Der kündigt schönes Wetter an.«
»Und was ist Morgengrauen?«
»Das ist das schreckliche Gefühl, wenn man aufwacht und weiß, dass man gleich zur Schule muss!«

Was ist der Unterschied zwischen einem schlechten Buch und einem schlechten Lehrer?
Das schlechte Buch kann man zuklappen!

Schutzengel   Schubsengel

Susi kommt gut gelaunt aus der Schule.
»Mama! Morgen haben wir schulfrei!«
»Wieso das denn? Hat das euer Lehrer gesagt?«
»Ja.«
»Was hat er denn genau gesagt?«
»Er sagte, Schluss für heute und morgen fahre ich fort!«

Die Lehrerein zu Max: »Du siehst ja
heute so blass aus, bist du krank?«
»Nein. Ich hab mich nur gewaschen.«

»Wenn es das Gesetz der Schwerkraft nicht gäbe, würden wir durch die Luft fliegen«,
erklärt Lehrer Nervig.
Mats meldet sich: »Und wie war das früher, als es das Gesetz noch nicht gab?«

Eine Mutter klagt einer anderen ihr Leid: »Es ist jeden Morgen dasselbe Theater, ich kriege meinen Sohn einfach nicht wach. Er dreht sich immer wieder um und schläft weiter!«
»Da habe ich einen Trick! Ich lege meinem eine Wurst unters Kopfkissen.«
»Interessant – und davon wird er wach?«
»Davon nicht, aber wenn ich dann unseren Bernhardiner ins Zimmer lasse!«

Lehrer Nervig schüttelt missbilligend den Kopf.
»Marie, normalerweise haben Mädchen eine schöne, saubere Handschrift. Deine dagegen ist absolut unleserlich. Ab jetzt strengst du dich mehr an und schreibst deutlich, o. k.?«
»Ja, ja, und ich habe dann den ganzen Ärger mit den Rechtschreibfehlern!«, grummelt Marie.

Jonas fragt seine Lehrerin: »Wissen Sie, wie man eine Lehrerin ganz neugierig macht?«
»Nein, wie denn?«
»Das erzähle ich Ihnen morgen!«

»Louis, wasch dir bitte noch die Hände, bevor du in die Schule gehst!«
»Nicht nötig – ich zeige sowieso nie auf!«

Paul sagt zu Johann: »Autsch, meine Füße sind eingeschlafen!«
Darauf Johann: »Tatsächlich? So wie die riechen, dachte ich schon, sie seien tot!«

Die Lehrerin erstaunt zu Lukas:
»Lukas, hast du keinen Bleistift?«
Lukas schüttelt den Kopf. »Nein, ich tu meinen leider zu Hause vergessen haben.«
»Aber Lukas, das heißt doch: ›Ich habe meinen Stift zu Hause vergessen, du hast deinen Stift zu Hause vergessen, wir haben unsere Stifte zu Hause vergessen …‹«
Lukas erschrocken: »Oh! Wir tun ja alle ganz schön vergesslich sein!«

Biologie bei Lehrer Nervig.
»Unter keinen Umständen sollte man sein Haustier küssen, denn dadurch können gefährliche Krankheiten übertragen werden. Kennt einer von euch ein Beispiel?«
Henry meldet sich: »Vorgestern hat meine Tante unseren Hamster geküsst. Jetzt ist er tot!«

»Du, Mama, was ist noch mal ein Ferkel?«,
fragt Karlotta beim Mittagessen ihre Mutter.
»Ein Ferkel ist das Kind von einem Schwein, mein
Schatz. Warum?«
»Weil meine Lehrerin heute gesagt hat,
ich wäre ein Ferkel.«

Lehrer Nervig: »Meine Lieben, heute sprechen wir über
die Sonne. Die Sonne ist etwa 150 Millionen Kilometer
von der Erde entfernt.«
»Das glaube ich nicht!«, ruft Sami dazwischen.
»Warum nicht, Sami?«, fragt der Lehrer verblüfft.
»Weil die Sonne morgens immer superfrüh da ist!«

Tante Klärchen fragt ihre Nichte:
»Mia, was ist denn dein bestes Fach in der Schule?«
»Ganz klar: Mathe – ich bekomme immer
mehr heraus als alle anderen!«

»Du, Kevin, sag mal, geht ein Junge namens Knut
Dübel in deine Klasse?«, fragt die Mutter.
Kevin: »Ja, der schläft in Mathe neben mir!«

Die Geschichtslehrerin schreibt ›Christoph Kolumbus 1451–1506‹ an die Tafel. Dann fragt sie: »Theresa, kannst du mir sagen, was das bedeutet?«
Theresa gelangweilt: »Tja, das wird wohl die Telefonnummer von diesem Herrn Kolumbus sein.«

Beim Mittagessen erzählt Florian seiner Mutter: »Mama, unsere Lehrerin wollte heute wissen, ob ich Geschwister habe.«
Darauf die Mutter: »Und, hast du ihr gesagt, dass du Einzelkind bist?«
»Ja, das habe ich«, antwortet Florian.
»Was hat sie dazu gesagt?«, fragt die Mutter nach.
Florian: »›Gott sei Dank!‹, hat sie gesagt.«

Noah ist schrecklich nervös vor der Mathearbeit.
Der Vater sagt: »Das wird schon klappen.
Hast du Angst vor den Fragen?«
Noah seufzt: »Vor den Fragen nicht, aber vor meinen Antworten …«

Biologie bei Lehrer Nervig.
Der Lehrer: »Ein Pferd fohlt, eine Kuh kalbt und so weiter und so weiter.«
Fragt Milena: »Und Vögel eiern?«

Die Lehrerin fragt: »Wer kann mir sagen, warum die Küken aus ihren Eiern schlüpfen?«
»Ist doch klar«, sagt Moritz, »weil sie Angst haben, gekocht zu werden!«

Erste-Hilfe-Unterricht in der 3 a.
»Hugo, was würdest du tun, wenn du Anzeichen von Tollwut bei dir feststellen würdest?«
»Meinen Lehrer beißen!«

Die Lehrerin erklärt und erklärt und erklärt.
Da ruft Frieda: »Bitte lauter!«
Darauf die Lehrerin: »Oh, Entschuldigung! Ich wusste nicht, dass jemand zuhört!«

Lehrer Nervig hat einen schlimmen Verdacht.
»Anton, hat dein Papa dir bei den Hausaufgaben geholfen?«
»Nein«, versichert Anton, »er hat sie wirklich ganz alleine gemacht.«

Die Lehrerin fragt: »Wie nennt man Lebewesen, die teils im Wasser und teils auf dem Land leben?«
Max meldet sich: »Das sind die sogenannten Badegäste!«

Lissi kommt aufgekratzt aus der Schule.
»Heute war ein super Tag!«, strahlt sie. »Wir haben ein Experiment mit Sprengstoff gemacht!«
»Das ist ja schön und was macht ihr morgen in der Schule?«, fragt die Mutter.
»Welche Schule?«

»Ich bin gespannt, wer mir diese Frage beantworten kann«, sagt Lehrer Nervig. »Also: Was heißt denn ›Made in Germany‹?«
»Ich weiß es!«, ruft Philip. »Das heißt ›Insektenlarve in Deutschland‹!«

Fatima rast wie wild mit ihrem
Fahrrad über den Schulhof.
»HALT!!!«, schreit ihr ein Lehrer entgegen.
»Kein Licht, keine Klingel, kein Schutzblech!!!«
Fatima schreit zurück: »Aus dem Weg!
Auch keine Bremse!«

Die Klasse schreibt ein Diktat.
»Kann ich mir mal deinen Füller leihen?«,
flüstert Salma ihrer Nachbarin zu.
»Warum, du hast doch selber einen«,
wispert die zurück.
»Ja schon, aber meiner macht so viele Fehler!«

Der neue Lehrer stellt sich vor:
»Guten Morgen, mein Name ist Lang.«
Darauf Claas: »Macht nichts, wir haben Zeit!«

»Warum hast du Vogelkäfig mit Bindestrich
geschrieben?«, fragt die Deutschlehrerin.
»Wo soll sich der Vogel denn sonst hinsetzen?«

Lehrer Nervig ist genervt.
»Kevin, hast du denn keine Ohren? Wie oft soll ich
dir noch sagen, dass du nicht ständig mit den Beinen
zappeln sollst?«
Darauf Kevin trotzig: »Und wie soll ich bitte mit den
Ohren zappeln?«

Fragt die Mathelehrerin: »Sarah, kannst du mir sagen, warum sich zwei parallele Linien nie treffen?«
Sarah überlegt und antwortet schließlich:
»Ich weiß nicht genau – vielleicht, weil sie keine Verabredung haben?«

»Trudi, du denkst langsam, du bewegst dich langsam, du schreibst langsam. Kannst du auch irgendetwas schnell?«, fragt die Lehrerin.
Darauf Trudi: »Ja, ich werde sehr schnell müde!«

Im Biounterricht lernen die Kinder etwas über Körpertemperaturen.
Der Lehrer erklärt: »Der Mensch hat eine Körpertemperatur von 36,5 Grad, das Wild 38,5 und ein Vogel 41 Grad. Micha, passt du gar nicht auf?«
»Doch, doch«, versichert Micha eifrig.
»Gut, dann wiederhole doch bitte, was ich gesagt habe.«
»Also, ein Mensch hat 36,5 Grad Körpertemperatur, wenn er wild ist, 38,5, und wenn er einen Vogel hat, sogar 41 Grad!«

Luca kommt zu spät zur Schule.
Dem Lehrer erzählt er, dass sein Pferd auf der Straße umgekippt ist. Seltsamerweise sind noch drei Kinder aus dem gleichen Grund zu spät. Als Letzte kommt Nora in die Klasse getrottet.
»Jetzt erzähl mir nicht, dass auch dein Pferd auf der Straße umgekippt ist!«, warnt der Lehrer.
»Nein, ich musste einen Umweg machen, weil vier Pferde auf der Straße lagen!«

Die Klasse wird auf den Wandertag vorbereitet.
»Was tut man, wenn ein Gewitter im Anmarsch ist?«, fragt die Lehrerin.
»Man legt sich ganz flach auf den Boden!«, weiß Lydia.
»Warum?«
»Damit der Blitz denkt, dass man schon tot ist!«

Der neue Lehrer kommt strammen Schrittes in die Klasse und sagt: »Mein Name ist Stein – und ich bin auch so hart wie Stein! Und wie heißt du, mein Junge?«, fragt er ein Kind in der ersten Reihe.
»Klaus Steinbeißer!«

Johnny kommt von der Schule.
»Na, wie viele Aufgaben waren es denn heute bei der Mathearbeit?«, fragt seine Mutter.
»Zwölf«, antwortet Johnny.
»Und wie viele hast du falsch?«
»Nur eine.«
»Das ist ja toll«, freut sich die Mutter. »Und die anderen elf waren so leicht?«
»Keine Ahnung, zu denen bin ich nicht mehr gekommen.«

Nelly fragt Lehrer Nervig: »Dürfen wir jetzt in die Pause gehen?«
Lehrer Nervig ist erstaunt: »Aber Nelly, bis zur Pause sind es doch noch fünf Minuten.«
»Ja, aber Sie sagen doch immer, wir sollen nicht alles in letzter Minute erledigen.«

Deutscharbeit bei Lehrer Nervig.
Thema des Aufsatzes: ›Besuch bei der Tante‹.
Die Klasse schreibt wie verrückt, nur Lasse gibt nach wenigen Minuten sein Blatt ab.
»Was ist los, Lasse?«, fragt Lehrer Nervig.
»Meine Tante war leider nicht zu Hause!«

Nach den Ferien erklärt die neue Lehrerin:
»Damit ich mir eure Namen leichter merken kann,
kürze ich sie ab. Also, Elisabeth nenne ich Eli, Johann
Jo, Flora Flo und so weiter.«
Plötzlich läuft eine Schülerin schluchzend
aus der Klasse.
»Was hat sie denn?«, fragt die Lehrerin erstaunt.
Eli zeigt auf: »Sie heißt Klothilde!«

Tim kommt aus der Schule und fragt seinen Vater:
»Kannst du schnell schreiben?«
»Klar!«
»Kannst du das auch mit geschlossenen Augen?«
»Sicher!«
»Dann mach doch bitte die Augen zu und unterschreib
ganz schnell mein Zeugnis.«

Emil muss sich beim Direktor einfinden.
»Du hast dich also mal wieder mit Anna gestritten.
Nicht genug damit, dass die Arme nun eine dicke Beule
am Kopf hat, du behauptest auch noch, dass du sie nur
mit Tomaten beworfen hast. Wie passt das zusammen?«
»Na ja, die Tomaten waren noch in der Dose.«

»Sofie, wie heißen deine Eltern?«, fragt die Lehrerin.
Sofie: »Schneckchen und Bärchen!«

Die Lehrerin erklärt im Chemieunterricht:
»Im Jahre 1771 hat der schwedische Chemiker
Scheele den Sauerstoff entdeckt.«
Fragt Alexander überrascht: »Und was haben
die Menschen vorher geatmet?«

Ben öffnet das Fenster in der Klasse.
»Warum machst du denn das Fenster auf, Ben?«,
fragt Lehrer Nervig. »Ist dir so heiß?«
»Nein, aber meine Mutter sagt immer, bei offenem
Fenster schlafen sei gesünder!«

Von doofen Tanten und anderen Verwandten

Zoff bei Familie Piepenstock.
»Wer hat meine Chips verdrückt?«, schimpft Oma.
»Wer hat meine Bowle getrunken?«,
beschwert sich die Mutter.
»Wer hat meinen iPod geklaut?«, ruft Tim.
Da tanzt Opa ins Wohnzimmer: »Schmatz, hicks,
tscha-tscha-tscha!«

Cindy kommt nach Hause und fragt: »Mama,
was gibt es heute zu essen?«
»Schnecken mit Reis.«
»Iiiiiiih, Reis!«

Oskar ist mit seinen Eltern im Ballett.
»Die tanzen ja alle auf ihren Zehenspitzen. Warum
nehmen die denn nicht gleich größere Mädchen?«,
fragt er verwundert.

Olli hat mal wieder sein Zimmer nicht aufgeräumt.
»Ordnung ist das halbe Leben!«, schimpft die Mutter.
»Tja, Mama«, sagt Olli, »aber ich lebe in der
anderen Hälfte!«

Vicky weint schon seit Stunden um ihren
toten Goldfisch.
Ihr Vater sagt tröstend: »Ach, komm schon. Als Oma
starb, hast du doch auch nicht so lange geweint.«
»Die hatte ich aber auch nicht von meinem
Taschengeld gekauft!«

Frau Piepenstock steht vorm Spiegel und fragt:
»Spieglein, Spieglein an der Wand, wer ist die
Schönste im ganzen Land?«
Darauf der Spiegel: »Geh erst mal weg da,
ich seh ja gar nichts.«

Herr Piepenstock zu einem Freund: »Ich habe schon
seit sechs Monaten nicht mehr mit meiner Frau
gesprochen.«
»Warum das denn?«
»Na ja, ich wollte sie nicht unterbrechen.«

Friedrich kommt zum Zahnarzt.
»Bohren brauchen Sie nicht. Das Loch ist schon da.«

Vinzent kommt ins Geschäft und sagt widerwillig:
»Ich soll Strümpfe für meinen kleinen Bruder kaufen.«
Die Verkäuferin fragt: »Was sollen es denn
für welche sein?«
»Na, so krummbeinige.«

Frau Piepenstock ist ganz begeistert.
»Schau mal, Herbert, wie schön weiß dein Hemd mit
dem neuen Waschmittel geworden ist!«
Herbert angesäuert: »Mit den grünen Streifen hat es
mir eigentlich besser gefallen.«

»Lilli«, zetert Tante Luzie. »Hör sofort auf, die Katze am Schwanz zu ziehen!«
»Aber Tante Luzie, das siehst du völlig falsch, die Katze zieht – ich halte sie bloß fest!«

Julia geht mit ihrem Opa zum ersten Mal in die Kirche. Dort singen alle: »Halleluja, Halleluja, Halleluja.«
Nach der Messe fragt der Opa: »Na, was hat dir denn am besten gefallen?«
Julia strahlt und sagt: »Das alle so freundlich ›Hallo Julia‹ gesungen haben!«

Lilli wünscht sich zum Geburtstag ein Schlagzeug.
»Auf keinen Fall!«, sagt die Tante Luzie. »Wie soll ich bei dem Lärm denn arbeiten?«
Lilli beschwichtigt: »Aber Tante Luzie, dann spiele ich eben nur, wenn du schläfst!«

Die kleine Pauline hat mit dem Hammer ihr Sparschwein zerschlagen und ruft enttäuscht: »Mama! Mein Sparschwein hat ja gar nichts gespart!«

»Warum hast du denn so einen
dicken Bauch?«, fragt Susi ihre Tante.
»Da ist ein Baby drin.«
Darauf Susi entsetzt: »Hast du das Baby
denn gar nicht gern?«
»Natürlich habe ich es gern!«
»Aber warum hast du es denn dann aufgegessen?«

Oma Piepenstock geht in die Apotheke.
»So, werte Dame, diese Schlaftabletten reichen für mindestens einen Monat.«
»Aber Herr Apotheker! So lange wollte ich nun auch wieder nicht schlafen!«

Lotti Piepenstock muss zum Zahnarzt.
Der fordert sie auf: »So, Lotti, sag mal A.«
»A.«
»Und noch mal A«, sagt der Arzt freundlich.
»Und noch mal A?«
»Ja, noch mal A.«
Lotti genervt: »Ja, noch mal A.«

Bald ist Karneval.
»Als was möchtest du dich dieses Jahr verkleiden, Lilli?«, fragt Tante Luzie.
»Als Taube.«
»Oh, das wird aber ein aufwendiges Kostüm«, gibt die Tante zu bedenken.
»Nein, gar nicht, ich brauche mir nur Watte in die Ohren zu stecken!«

Lilli kommt gut gelaunt aus der Schule.
»Jetzt kann ich schon ›Guten Morgen‹ und ›Danke‹ auf Englisch sagen!«
»Dann wird es Zeit, dass du das endlich auch auf Deutsch lernst!«, antwortet Tante Luzie.

Es regnet in Strömen. Opa Piepenstock stürmt ins Fundbüro.
»Ist hier ein Regenschirm abgegeben worden?«, fragt er.
»Welche Farbe?«
»Ist mir schnuppe«, sagt Opa Piepenstock. »Ich bin nicht wählerisch.«

Opa Piepenstock ist mal wieder viel zu schnell mit seinem Auto unterwegs. Das bemerkt natürlich Inspektor Hyperkorrekt.
»Ihren Führerschein!«, bellt er.
»Na hören Sie mal«, entgegnet Opa Piepenstock entrüstet. »Den habe ich letzte Woche Ihrem Kollegen gegeben, erzählen Sie mir nicht, den haben Sie verschlampt!«

Frau Plem erzählt ihrer Freundin: »Du, seit unser Julius lesen gelernt hat, kann ich ihn stundenlang beschäftigen!«
»Ach sag bloß! Wie denn?«
»Ganz einfach: Ich gebe ihm ein Blatt Papier und schreibe auf jede Seite: Bitte umblättern!«

Frau Piepenstock ist mit der Bahn unterwegs.
Ihr gegenüber sitzt eine Frau, die ununterbrochen Apfelkerne knabbert.
Neugierig, wie Frau Piepenstock ist, fragt sie:
»Wieso essen Sie denn Apfelkerne?«
Darauf die Frau: »Das fördert die Intelligenz, wissen Sie.«
Intelligent sein wollte Frau Piepenstock schon immer, also fragt sie: »Verkaufen Sie mir ein paar?«
»Gern, macht fünfzehn Euro.«
Eilig beginnt Frau Piepenstock zu kauen.
Nach einer Weile sagt sie: »Für fünfzehn Euro hätte ich mir ja eine ganze Kiste Äpfel kaufen können!«
Die andere lächelt und sagt: »Sehen Sie, es wirkt schon!«

Oma Piepenstock beim Gemüsehändler.
»Drei Kilo Kartoffeln«, bestellt sie. »Aber nur kleine, ich kann nicht mehr so schwer tragen!«

Tante Luzie trifft Oma Piepenstock beim Einkaufen.
»Oma Piepenstock! Warum sind denn Ihre Ohren so dick verbunden?«
»Ach, wissen Sie, ich habe gebügelt, als das Telefon klingelte. Und da habe ich aus Versehen das Bügeleisen an mein rechtes Ohr gehalten.«
»Das ist ja furchtbar, und was ist mit Ihrem linken Ohr?«
»Na ja, ich dachte, ich rufe mal schnell die Sanitäter an …«

Frühstück in Hundhausen

Oma Piepenstock sucht einen Psychiater auf.
»Herr Doktor, mein Mann wird langsam wunderlich.
Den ganzen Tag sitzt er in der Badewanne und spielt
mit einem Quietscheentchen!«
»Ach, Oma Piepenstock, das ist doch ganz harmlos,
lassen Sie ihm doch das Vergnügen!«,
beruhigt sie der Arzt.
»Auf gar keinen Fall, das ist schließlich
mein Quietscheentchen!«

Familie Plem macht Ferien auf dem Bauernhof.
Der kleine Julius steht an der Jauchegrube
und heult wie der Hofhund.
Kommt Bauer Zwiebelmett angerannt und fragt:
»Warum weinst du denn?«
Julius schluchzend: »Meine Mutter ist in die Jauche
gefallen!«
Sofort springt Bauer Zwiebelmett in die stinkende
Brühe und taucht ein paar Mal hinab.
Schließlich ruft er verzweifelt: »Ich kann deine Mutter
nicht finden!«
Julius zuckt enttäuscht mit den Schultern und sagt:
»Dann kann ich die Schraube wohl
auch wegschmeißen.«

Ein Vater will sein Neugeborenes beim Standesamt anmelden.
»Wie soll der Kleine denn heißen?«, fragt der Beamte.
»Tulpenmario!«
»Tut mir leid, den Namen gibt es nicht!«
»Na hören Sie mal, meine Tochter heißt schließlich auch Rosemarie!«

Lotti Piepenstock sitzt drohend vor ihrem Wackelpudding: »Du brauchst gar nicht so zu zittern, ich esse dich trotzdem!«

»Lilli, iss endlich deine Suppe auf!«, schimpft Tante Luzie. »Andere Kinder wären froh, wenn sie nur die Hälfte davon hätten!«
Lilli nickt seufzend und sagt: »Ich auch, Tante Luzie, ich auch.«

Trudi kommt ins Feinkostgeschäft von Herrn Geißerich.
»Ein Päckchen Gelatine, bitte.«
»Das spricht man ›Schelatine‹«, erklärt Herr Geißerich.
»Ja, und ein Glas Gelee.«
»Man sagt ›Schelee‹«, berichtigt Herr Geißerich aufs Neue.
Da wird es Trudi zu bunt. Wütend sagt sie:
»Vielen Dank, Herr Scheißerich!«

»Tante Luzie, möchtest du ein Eis?«, fragt Lilli.
»Nein.«
»Gut. Jetzt frag du mich!«

Familie Plem muss leider die 32 Stockwerke hinauf zu
ihrer Wohnung die Treppe nehmen.
Der Aufzug ist kaputt.
Zum Zeitvertreib erzählen sie sich Witze.
Im 31. Stockwerk ächzt Frau Plem: »Jetzt fällt mir aber
wirklich kein Witz mehr ein!«
Herr Plem: »Schade, ich habe nämlich die
Wohnungsschlüssel im Auto vergessen!«

Oma Piepenstock geht mit ihrer Freundin schick essen.
Und zwar zum Chinesen. Als der Kellner ihr die
Stäbchen bringt, ruft sie empört: »Junger Mann,
ich will essen und nicht stricken!«

Mitten in der Nacht schreckt Oma
Piepenstock hoch und rüttelt Opa Piepenstock wach.
»Was soll das? Warum weckst du mich denn?«, fragt
der schlaftrunken.
»Mensch, Hubert, du hast vergessen,
deine Schlaftabletten zu nehmen!«

Herrn Plem wurde sein tolles, neues Auto gestohlen.
Wütend geht er zur Polizei.
»Können Sie den Dieb beschreiben?«,
fragt der Beamte.
Herr Plem schüttelt den Kopf.
»Nein, aber ich habe mir das Autokennzeichen
gemerkt!«

»Mama, wo bewahren wir das Dynamit auf?«,
fragt Emil.
Die Mutter ist entsetzt.
»Wozu brauchst du denn Dynamit?«
Darauf Emil: »Na, Papa hat mich gebeten,
den Rasen zu sprengen!«

Eine Frau betritt wutschnaubend ein Obstgeschäft.
»Sie garstiger Betrüger! Vor zwanzig Minuten hat
meine Tochter zwei Kilo Kirschen bei Ihnen gekauft.
Ich habe die Kirschen nachgewogen und siehe da,
es waren nur eineinhalb Kilo!«
Der Obsthändler verteidigt sich: »Wie wäre es,
wenn Sie mal Ihre Tochter wiegen?!«

»Hallo, Herr Polizist, können Sie mir mal helfen?«,
fragt Oma Piepenstock.
»Aber sicher, was kann ich für Sie tun?«
»Ach, würden Sie mich bitte über die Straße bringen?«
»Selbstverständlich, nur ist gerade Rot, da müssen wir
kurz warten.«
»Schon gut«, sagt die Oma. »Bei Grün kann ich auch
alleine gehen.«

Tim Piepenstock kommt auf eine heiße Party und sieht
ein schönes Mädchen. Er ist hin und weg und spricht
sie sofort an: »Glaubst du an Liebe auf den ersten Blick
oder soll ich nochmal reinkommen?«

Tim Piepenstock baut sich vor seinen Eltern auf.
»Wenn ihr Lotti eine Querflöte kauft, dann will ich
ein neues Skateboard!«
»Warum das denn?«, fragen die Eltern
erstaunt zurück.
»Damit ich schnell abhauen kann, wenn sie übt!«

»Autsch!«, quiekt Tante Luzie, »ich glaube,
ich habe einen Holzsplitter im Finger!«
»Hast du dich am Kopf gekratzt?«, fragt Lilli fürsorglich.

Frau Piepenstock kommt nach Hause
und erschrickt. Lautes Geschrei schallt ihr entgegen.
»Lotti, wer brüllt denn da so?«, fragt sie.
»Das sind Papa und Opa.«
»Was haben sie denn?«
»Sie machen meine Matheaufgaben!«

»Tante Luzie, haben Brombeeren Beine?«
»Nein, natürlich nicht!«
»Tja, dann habe ich wohl gerade einen
Mistkäfer gegessen.«

»Mama, was wünschst du dir zum Geburtstag?«
»Ich wünsche mir ein braves und artiges Kind.«
»Oh toll, darf ich mit dem Kind dann spielen?«

Oma Piepenstock macht eine Bahnreise.
Fröhlich summend zeigt sie dem Schaffner
ihre Fahrkarte.
»Es tut mir sehr leid, gnädige Frau, aber mit dieser
Karte dürfen Sie nicht im Schnellzug fahren.«
»Ach, dann sagen Sie dem Zugführer doch bitte,
dass er langsamer fahren soll!«

Frau Plem sitzt beim Friseur.
Die Friseurin fragt: »Und, gefällt es Ihnen?«
»Hm, ja, ganz flott. Nur hinten bitte etwas länger …«

Herr und Frau Piepenstock machen Urlaub in Ägypten.
Da darf auch ein Museumsbesuch nicht fehlen.
Während seine Frau begeistert durch die Ausstellung hüpft, sinkt Herr Piepenstock gelangweilt auf einem großen Stuhl nieder.
Augenblicklich kommt ein Aufseher angelaufen und ruft: »Stehen Sie sofort auf, das ist der Thron von Ramses dem Ersten!«
Herr Piepenstock winkt ab: »Ganz ruhig! Wenn er kommt, stehe ich schon wieder auf!«

Tim Piepenstock ist mal wieder schwer verliebt.
Dieses Mal in die hübsche Buchhändlerin Lea.
Einen flotten Spruch hat er sich auch schon überlegt:
»Hallo, wo finde ich denn das Buch ›Tim und Lea gehen heute Abend essen‹?«
»Die Fantasyromane befinden sich im zweiten Stock«, antwortet Lea freundlich.

Frau Plem stöhnt ihrer Freundin was vor.
»Ach, ich fühle mich heute sauelend, einfach hundsmiserabel.«
»Klingt so, als solltest du mal zum Tierarzt gehen.«

Fragt die Mutter ihren Sohn: »Hast du jetzt endlich deine Schuhe an?«
»Bin fast fertig, es fehlt nur noch einer!«

Endlich Frühling!
Frau Summsel zu ihrem Sohn Egon: »Egon, geh doch nach draußen spielen, es ist so herrliches Wetter!«
Egon schüttelt energisch den Kopf und sagt: »Auf gar keinen Fall. Viel zu gefährlich! Der Salat schießt, die Bäume schlagen aus und der Rasen wird gesprengt!«

Oma Piepenstock und ihre ebenso betagte Freundin Oma Röckelein machen eine Spritztour
durch die Stadt.
Oma Piepenstock sitzt am Steuer und fährt in aller Ruhe über die erste rote Ampel. Oma Röckelein ist höflich und sagt nichts dazu.
Bei der zweiten roten Ampel wird sie unruhig, sagt aber immer noch nichts.
Nach der dritten allerdings platzt es aus ihr heraus:
»Lieselotte, du bist jetzt schon dreimal bei Rot durchgefahren ...«
Oma Piepenstock:
»Ach du dickes Ei, fahre etwa ich?«

Lotti Piepenstock zu ihrem Bruder Tim:
»Weißt du schon, dass Oma nicht mehr auf
den Fernsehturm darf?«
»Nein, warum das denn nicht?«
»Sie wollte die Hubschrauber füttern!«

Amelie weigert sich, ihren Spinat zu essen.
Da hat Oma eine Idee.
»So, Amelie, wir spielen jetzt das lustige
Eisenbahnspiel. Dein Mund ist die Eisenbahn und
jeder Löffel Spinat ein Zugabteil voller Mitfahrer.«
»Das ist toll!«, ruft Amelie und spielt begeistert mit,
bis der letzte Löffel in ihrem Mund verschwunden ist.
Dann klatscht sie in die Hände und sagt:
«Endstation, alle aussteigen ...«

Familie Piepenstock macht Ferien in Italien.
Da darf ein Ausflug zum Vulkan Ätna nicht fehlen.
Oben angekommen, schauen sie in den brodelnden
Krater hinab.
Herr Piepenstock: »Das sieht hier ja aus wie in der
Hölle!«
Darauf Lotti bewundernd: »Mensch, Papa!
Wo du schon überall warst!«

»Wie schön, dass du mal liest, Lilli. Was ist das denn
für ein Buch?«, fragt Tante Luzie erfreut.
Darauf Lilli: »Keine Ahnung.«
Tante Luzie entgeistert: »Ja, aber du liest
doch laut vor!«
»Mag schon sein, Tantchen,
aber ich höre mir nicht zu!«

»Onkel Harald, möchtest du ein Bonbon?«, fragt Evi.
Der Onkel nickt erfreut: »Wie lieb von dir, sehr gerne.«
Und schon lutscht er los.
Nach einer Weile fragt Evi: »Und, schmeckt's?«
»Und wie, sehr lecker!«, schmatzt der Onkel.
Darauf Evi: »Komisch, dass unser Hund es vorhin
wieder ausgespuckt hat.«

»Ich will kein Vollkornmüsli!«, mault Lilli.
»Doch, doch, du isst dein Vollkornmüsli. Das ist ganz
gesund und wichtig für Kinder, damit sie später schön
und klug werden«, beharrt Tante Luzie.
»Und warum hast du dann früher kein Vollkornmüsli
gegessen?«, fragt Lilli.

Herr Plem ist außer sich.
»Sag mal, bist du wahnsinnig?«, schimpft er mit seiner Frau. »Wie kannst du dieser Wahrsagerin
100 Euro geben?«
Frau Plem trotzig: »Na, wenn sie es mir
doch vorausgesagt hat!«

»Weißt du eigentlich, dass Querstreifen dick machen?«, sagt die schicke Lisa Marie zu ihrer Schwester.
»Wer ist denn so doof, Querstreifen zu essen?«, fragt die zurück.

Hannah übt auf ihrer Geige.
Völlig entnervt von dem Gequietsche kommt ihr Vater ins Zimmer und sagt: »Hannah, könntest du mit dem Üben nicht warten, bis du besser spielst?«

Bastian hat in der Stadt seine Mutter verloren.
Hoffnungsvoll zupft er einen Polizisten am Ärmel.
»Herr Polizist, haben Sie vielleicht eine Frau ohne mich gesehen?«

»Mama, darf ich mir die Sonnenfinsternis ansehen?«, fragt Lotti Piepenstock.
»Aber sicher, Schatz, geh nur nicht so nah ran!«

Lilli steht mitten in der Nacht auf und beginnt, ihr Bettlaken aufzufalten.
»Was um Himmels willen soll denn das?«, fragt Tante Luzie schlaftrunken.
»Siehst du das nicht? Ich spiele Nachtfalter!«

Oma Piepenstock winkt ihrem Mann von der Haustür fröhlich zu.
»Ich gehe für ein paar Minuten zu Oma Röckelein. Rühre bitte jede halbe Stunde einmal den Brei um.«

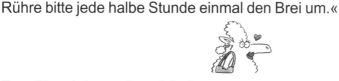

Frau Plem ist ganz begeistert von ihren neuen Schuhen.
»Es könnte sein, dass sie in der ersten Woche noch ein wenig drücken«, warnt die Verkäuferin.
Frau Plem winkt ab: »Ach, das macht nichts, ich ziehe sie sowieso erst übernächste Woche an!«

»Pfui Lilli, man bohrt nicht mit dem Zeigefinger in der Nase, merk dir das!«, tadelt Tante Luzie.
»Welchen Finger soll ich denn dann nehmen?«

Herr Plem hat überhaupt keine Lust zu arbeiten.
Er überlegt und überlegt, wie er sich nur drücken kann.
»Ich hab's!«, ruft er. »Ich spiele einfach verrückt und dann schickt mich mein Chef bestimmt zur Erholung nach Hause!«
Und schon hängt er total verrückt im Büro an der Decke.
»Was machst du denn da?«, fragt seine Kollegin.
»Psst, ich spiele verrückt, damit ich nach Hause kann«, flüstert Herr Plem.
Kurz darauf kommt der Chef rein, sieht Herrn Plem an der Decke hängen und wundert sich.
»Herr Plem, warum hängen Sie denn da oben?«
»Ich bin eine Glühbirne!«, ruft Herr Plem.
»Sie sind ja total übergeschnappt! Kommen Sie da runter und gehen Sie für den Rest der Woche nach Hause. Sie brauchen Ruhe!«
›Nichts wie weg!‹, denkt Herr Plem und geht.
Doch auch seine Kollegin packt ein.
Der Chef verdattert: »Und warum wollen Sie gehen?«
»Na hören Sie mal, ich kann im Dunkeln nicht arbeiten!«

Tante Luzie ist mal wieder entsetzt:
»Lilli, wo willst du denn mit den ganzen Würmern hin?«, fragt sie.
Darauf Lilli: »Wir haben draußen zusammen gespielt und jetzt will ich ihnen mein Zimmer zeigen!«

Herr und Frau Piepenstock sitzen im Theater.
Da tippt sie ihm auf die Schulter und flüstert:
»Schau mal, der Mann vor uns schläft.«
»Ach«, raunt er, »deswegen brauchst du mich doch nicht aufzuwecken!«

Herr Plem verreist wie jedes Jahr allein in den Wintersport. Zum Abschied fragt Frau Plem fürsorglich: »Was meinst du, soll ich dir die Post ins Hotel nachschicken oder gleich ins Krankenhaus?«

Lilli kommt vom Bäcker mit einer großen Tüte unterm Arm.
Tante Luzie späht hinein und sagt: »Sehr schön, Lilli, aber hatte der Bäcker keine Schweineöhrchen?«
Lilli zuckt mit den Schultern.
»Keine Ahnung, er hatte eine Mütze auf.«

»Lilli! Nimm sofort den Finger aus der Nase. Immer diese Popelei, igitt!«, zetert Tante Luzie.
»Wieso? Mein Sportlehrer sagt, ich soll alles aus mir rausholen!«

Bunt gemischtes Scherzgeschnipsel

»Herr Ober, Sie haben doch bestimmt Froschschenkel, nicht wahr?«
»Selbstverständlich, gnädige Frau!«
»Wunderbar! Dann hüpfen Sie doch mal schnell los und holen mir ein kleines Bier.«

Wohin geht Pinocchio, wenn er Schnupfen hat?
Zum Holz-Nasen-Ohren-Arzt!

Herr Grummel zu seinem Nachbarn: »Haben Sie nicht gehört, dass ich letzte Nacht gegen die Wand geklopft habe?«
Darauf Nachbar Friedlich: »Ach, machen Sie sich bloß keine Gedanken, wir hatten eine Party und waren auch nicht gerade leise.«

Was sind die teuersten Automaten?
Natürlich die Geldautomaten!

Welche Handwerker essen am meisten?
Maurer! Die verputzen ganze Häuser!

Der Kunde im Reisebüro möchte nach Bangkok.
»Wollen Sie über Athen oder Bukarest fliegen?«
»Ich will nur über Ostern fliegen.«

Kennst du den Unterschied zwischen einem
Auto und Brennnesseln?
Nein? Dann setz dich mal rein!

Warum ist der Himmel so hoch?
Damit sich die Vögel nicht den Kopf stoßen!

Woran merkst du, dass ein Elefant unter
deinem Bett liegt?
Wenn deine Nasenspitze an die Decke stößt!

Patient zum Arzt: »Herr Doktor, Sie haben
Ihre Schere in meinem Magen vergessen!«
»Zerbrechen Sie sich darüber mal nicht den Kopf.
Ich habe noch genug andere.«

Was wird größer, wenn man etwas davon wegnimmt,
und kleiner, wenn man etwas dazugibt?
Ein Erdloch!

Frau Husch sitzt mal wieder bei ihrem Psychiater.
»Herr Doktor, ich kann hellsehen!«
»Interessant. Wann hat das angefangen?«
Frau Husch: »Nächste Woche Freitag.«

Warum gibt es Gummibärchen,
aber keine Gummiwale?
Weil sie nicht in die Tüte passen!

Narkose-Arzt zum Patienten: »Warum rennen
Sie denn aus dem Operationssaal hinaus?«
Patient: »Die Schwester hat gesagt: ›Regen Sie sich
nicht so auf, es ist nur eine einfache
Blinddarmoperation. Das schaffen Sie schon!‹«
»Na und? Was ist daran schlimm?«, fragt der Arzt
verwundert.
»Sie hat es nicht zu mir gesagt,
sondern zum Chirurgen!«

Fragt der Kunde im Baumarkt: »Wo sind
denn die Toiletten?«
Antwortet der Verkäufer: »Hinten rechts im Regal.«

An der Ampel tippt der Fahrgast dem Taxifahrer von hinten auf die Schulter. Der Taxifahrer stößt einen schrillen Schrei aus.
»Was haben Sie denn?«, fragt der Gast verwundert.
»Sie haben mich furchtbar erschreckt«, sagt der Fahrer.
»Aber ich hab Sie doch nur angetippt!«
»Ja, aber Sie müssen wissen, ich bin heute nur der Aushilfsfahrer, normalerweise fahre ich einen Leichenwagen!«

Ein Polizist hält einen Autofahrer an und rügt: »Das Mitfahren eines Hundes auf dem Vordersitz ist verboten!«
»Aber das ist doch nur ein Plüschhund!«
»Egal, das gilt für alle Rassen!«

Warum ist der Mond immer so blass?
Weil er nachts nicht schlafen kann!

Was ist eine Erdbeere?
Eine Kirsche mit Gänsehaut!

Frau Husch steigt in den Bus und kauft
zwei Fahrkarten.
Fragt der Busfahrer: »Warum brauchen
Sie denn zwei?«
»Wenn ich eine verliere, dann habe ich wenigstens
noch die andere.«
Der Busfahrer scherzend: »Und wenn Sie die auch
noch verlieren?«
»Dann habe ich ja noch meine Monatskarte.«

In der Praxis von Dr. Maus

Graf Klunkerstein hat Besuch von seiner kleinen,
feinen Nichte. Schreiend kommt sie angelaufen.
»Kind, was ist denn los?«, fragt der Graf.
»Ich war bei deinen Jagdhunden und bin in ein ganz
hässliches Wort getreten!«

Diener James kündigt an: »Herr Graf, der Herr Doktor ist da.«
Graf Klunkerstein antwortet unwirsch: »Ich will ihn nicht sehen, sagen Sie ihm, ich sei krank!«

Ein Franzose mit einem Papagei auf der Schulter geht in eine Kneipe.
Der Barmann fragt: »Der ist ja hübsch, wo haben Sie denn den her?«
»Aus Frankreich. Da gibt es Millionen davon«, antwortet der Papagei.

Treffen sich zwei Kekse.
Sagt der eine: »Komm, wir verkrümeln uns.«

»James!«, ruft Lord Klunkerstein ungehalten. »Warum kommen Sie nicht, wenn ich nach Ihnen läute?«
»Verzeihung, Mylord, ich habe nichts gehört«, entschuldigt sich der Butler.
»Nun gut, aber wenn Sie mein Läuten wieder einmal nicht hören, bestehe ich darauf, dass Sie mir das sofort sagen!«

Zwei Autos stoßen auf einer Kreuzung zusammen.
Sagt der eine Fahrer: »Sie haben Glück, ich bin Arzt.«
Darauf der andere: »Und Sie Pech – ich bin Anwalt!«

Frau Husch klagt ihrem Arzt: »Überall, wo ich hintippe, tut es weh: am Kopf, am Bauch, am Fuß....«
Der Arzt röntgt ihren ganzen Körper und sagt:
»Jetzt weiß ich, was Ihnen fehlt: Ihr Zeigefinger ist gebrochen!«

Kommt ein Tscheche zum Augenarzt.
Der hält ihm die Buchstabentafel vor.
Auf der steht: CZYWXANQYSTACZ.
»Können Sie das lesen?«
»Nicht nur das«, ruft der Tscheche,
»ich kenne den Typ sogar!«

Zwei Chefs unterhalten sich: »Wie machst
du das nur, dass deine Angestellten
immer so pünktlich kommen?«
Darauf der andere: »Ganz einfacher Trick:
30 Angestellte, aber nur 20 Parkplätze!«

Arzt: »Frau Husch, haben Sie meinen
Rat befolgt und bei offenem Fenster geschlafen?«
Frau Husch: »Ja, natürlich!«
Arzt: »Und ist Ihre Krankheit verschwunden?«
Frau Husch: »Nein, aber meine Uhr, mein Fernseher,
mein Laptop und meine Perlenkette!«

Der Chef erwischt seinen Angestellten schlafend im Büro.
Dieser entschuldigt sich: »Sie müssen wissen, mein kleiner Sohn hat mich die ganze Nacht wach gehalten.«
»Großartig«, meint der Chef. »Dann bringen Sie ihn doch morgen mit ins Büro!«

Treffen sich zwei Rosinen.
Fragt die eine: »Warum hast du denn einen Helm auf?«
»Ich gehe gleich in den Stollen.«

Krabbelt ein Baby durch die Wüste.
Kommt ein Mann vorbei und fragt: »Ja was machst du denn hier?«
»Ich suche das Ende des Sandkastens.«

Im Restaurant:
»Herr Ober, hier sind ja gar keine Stühle!«
»Ja und? Sie hatten ja auch nur einen Tisch bestellt!«

Ein Chinese, ein Franzose und ein Deutscher sitzen
ohne Wasser und Essen in der Wüste.
Da kommt ein Dschinn des Weges und sagt großmütig:
»Jedes von euch armen Würstchen hat
einen Wunsch frei!«
Überglücklich wünschen sich der Deutsche und der
Franzose nach Hause.
Da sagt der Chinese: »Oh, jetzt bin ich ja ganz alleine.
Ich wünsche mir die beiden sofort wieder zurück!«

Richter Robenfalte: »Angeklagter,
bekennen Sie sich schuldig?«
»Nein, nicht schuldig.«
»Haben Sie ein Alibi?«
»Was ist ein Alibi?«
»Hat Sie jemand gesehen, als der Diebstahl
verübt wurde?«
»Nein, zum Glück niemand.«

Frau Husch sitzt in der Badewanne und stöhnt:
»So eine blöde Medizin: dreimal täglich 8 Tropfen in
warmem Wasser einnehmen!«

Richter Robenfalte: »Angeklagter, nennen Sie mir den Namen Ihres Komplizen!«
»Na hören Sie mal! Ich werde doch nicht meinen eigenen Bruder verpfeifen!«

Richter Robenfalte: »Angeklagter, was haben Sie zu Ihrer Verteidigung zu sagen?«
»Also, das arme Motorrad stand da so ganz allein und traurig herum, da habe ich mir gedacht, ich nehme es lieber mit, bevor es jemand klaut.«

Warum müssen Apotheker in ihrer Apotheke immer schleichen?
Damit sie die Schlaftabletten nicht wecken!

Treffen sich zwei Gangster.
»He, Rüpel-Robert, was macht denn Knarren-Kurt?«
»Der sitzt.«
»Warum?«
»Weil er gestanden hat.«

»Weißt du, dass es Hunde gibt, die intelligenter sind als ihr Herrchen?«, fragt Tom den Theo.
»Ja, das weiß ich, ich hatte selbst mal so einen!«

Was ist ein Zenkopf?
Das Mittelstück von Katzenkopfpflaster!

Wie nennt man einen Matrosen,
der sich nicht gerne wäscht?
Ein Meerschweinchen!

Frau Husch sitzt mal wieder beim Arzt.
»Herr Doktor«, jammert sie, »ich habe Bauchweh, Ohrenschmerzen, Krampfadern, Kopfweh, Rückenschmerzen, verklebte Augen und Herzklopfen! Bitte sagen Sie mir, was mir fehlt!«
Darauf der Doktor: »Ihnen fehlt gar nichts, Sie haben ja schon alles!«

»Herr Ober, wie hat denn der Küchenchef diese Suppe zubereitet?«
»Das, werter Herr, ist das Geheimnis unseres Küchenchefs«, antwortet der Ober.
»Dann richten Sie ihm bitte aus, dass man Geheimnisse für sich behalten soll!«

Die Brüder Knick und Knack gehen
in eine Bar, die voller Spiegel hängt.
Auf einmal sagt Knick: »Schau mal, dort sitzen zwei, die genauso aussehen wie wir, und sie trinken auch noch dasselbe!«
Knack begeistert: »Komm, wir setzen uns zu ihnen«, steht auf und will gehen.
Darauf Knack: »Bleib sitzen, sie kommen schon!«

Sagt der Gast zum Kellner: »Heute ist das Muster auf der Butter aber besonders schön gelungen.«
Darauf der Kellner erfreut: »Ja, nicht wahr? Das hat die Wirtin höchstpersönlich mit ihrem eigenen Kamm gemacht!«

Ein alter Chinese liegt im Sterben. Die ganze Familie hat sich um sein Bett versammelt. Da sagt der Alte:
»Ich habe euch hiel zusammengelufen,
um euch ein gloßes Geheimnis zu vellaten,
das sich schon seit Jahlhundelten im Besitz unselel Familie befindet.
Ihl müsst abel schwölen, dass ihl es niemals jemandem außelhalb unselel Familie elzählen weldet!«
Alle schwören es.
»Also hölt gut zu: Rrrrrrrrrrrrrrrrrrrrrrrrrrrrrr!«

Sagt Hubi zu seinem Chef: »Chef,
versprechen Sie mir, dass Sie mich niemals durch einen Computer ersetzen werden?«
»Keine Angst, Hubi, ein Computer, der überhaupt nichts tut, ist noch nicht erfunden worden!«

Treffen sich zwei alte Bekannte.
Sagt der eine: »Mein Beileid. Ich habe gehört, dass du gerade deine dritte Frau beerdigen musstest. Woran ist denn deine erste Frau gestorben?«
»An einer Pilzvergiftung.«
»Wie schrecklich. Und die zweite?«
»Auch an einer Pilzvergiftung.«
»Jetzt sag nicht, dass die dritte auch an einer Pilzvergiftung gestorben ist!«
»Nein, an einer Arsenvergiftung. Sie mochte keine Pilze!«

Was bekommt ein Engelchen, wenn es
in einen Misthaufen fällt?
Kotflügelchen!

Kennst du den Witz vom Aufzug?
Ich auch nicht – ich bin die Treppe
hochgegangen.

Was ist orange und läuft bergauf und bergab?
Eine Wanderine!

Was ist grün und klopft an die Tür?
Klopfsalat!

»Herr Ober! Dieses Brötchen ist von gestern,
ich will eins von heute!«
»Dann müssen Sie morgen wiederkommen!«
»Herr Doktor«, jammert Frau Husch, »Sie haben mir
dieses Stärkungsmittel verschrieben.«
Der Arzt: »Ja und, was ist damit?«
Frau Husch: »Ich bekomme die Flasche
einfach nicht auf!«

Richter Robenfalte fragt Knacker-Kurt: »Stimmt es,
dass Sie vor drei Jahren schon mal ein Auto geklaut
haben?«
»Schon, Herr Richter. Aber Sie wissen doch, so ein
Auto hält nicht ewig!«

Kommt eine hochschwangere Frau in die Bäckerei und
sagt: »Ich bekomme ein Vollkornbrot.«
Darauf der Bäcker kopfschüttelnd: »Sachen gibt's.«

Kommt eine Frau an einer Tankstelle völlig aufgelöst zum Tankwart.
»Entschuldigen Sie, mir ist etwas Schreckliches passiert. Ich habe meinen Schlüssel im Auto liegen gelassen, die Tür ist zugefallen und die Zentralverriegelung hat das Auto dichtgemacht! Wissen Sie vielleicht, wie ich meinen Schlüssel wiederbekommen kann?«
Darauf der Tankwart: »Ist das Fenster einen Spalt geöffnet?«
»Ja.«
»Gut, dann versuchen Sie, ihn mit dieser Drahtschlinge wieder herauszuangeln.«
»Vielen Dank!«, sagt die Frau erfreut und läuft zurück zu ihrem Wagen.
Zehn Minuten später kommt ein Mann zum Tankwart, der sich vor Lachen kaum halten kann.
Fragt der Tankwart: »Warum lachen Sie denn so?«
»Da draußen steht eine Frau vor ihrem Auto und versucht, mit einer Drahtschlinge ihren Schlüssel zu angeln!«
»Was ist denn daran so komisch? Das kann doch jedem mal passieren!«
»Ja schon, aber in dem Auto sitzt ein Mann, der die ganze Zeit sagt: ›Weiter links, nein nicht so weit, jetzt weiter rechts …‹«

Im Paradies.
Fragt Adam Eva: »Eva, liebst du mich noch?«
Eva: »Scherzkeks, wen soll ich denn sonst lieben?«

Die Brüder Knick und Knack sind in eine große Halle eingebrochen und haben einen schönen Geldschrank gefunden. Der wird natürlich sofort geknackt.
Doch so ein Mist, der Tresor ist leer.
»Du, Knack, da vorne sind noch mehr!«, ruft Knick begeistert.
Sie arbeiten wie verrückt. Doch es ist wie verhext, alle sind leer!
Da sagt Knick: »Du, Knack, ich glaube, wir sind in eine Geldschrankfabrik eingebrochen!«

Knick und Knack sind mal wieder hinter Gittern.
Fragt ihr Zellennachbar neugierig: »Und, warum seid ihr hier?«
»Wir haben Geld gefälscht«, antwortet Knick.
Knack fügt hinzu: »Tja bei den 10-Euro-Noten lief alles noch ganz gut, bei den 20ern auch noch. Nur bei den 30ern müssen wir irgendetwas falsch gemacht haben!«

Boxer Matschauge wird in der Nacht von einem Geräusch geweckt. Ein Einbrecher macht sich in seiner Wohnung zu schaffen.
Sauer steigt Matschauge aus dem Bett.
»Da will wohl jemand Privatunterricht nehmen!«

Wer kann helfen, wenn ein Teddy verrückt wird?
Der Plüschiater!

Der Arzt beruhigt die kranke Leni.
»Weißt du, Bazillen sind gar nicht so schlimm,
wie du denkst. Täglich eine Stunde Sport tötet die
meisten von ihnen ab.«
»Na toll«, sagt Leni, »und wie kriege ich die Biester
dazu, dass sie jeden Tag Sport treiben?«

Ein Schotte hat Lust auf eine schöne Oper.
An der Kasse sagt er: »Ich zahle nur die Hälfte,
denn ich bin auf einem Ohr taub!«

Die beiden Ganovenbrüder Knick und
Knack erreichen nach gelungenem Einbruch
abgehetzt ihr neues Fluchtauto.
Knick: »O nein! Ich habe den Schlüssel stecken
lassen, wie sollen wir denn jetzt ins Auto kommen?
Wir müssen ein Fenster einschlagen!«
Knack: »Ja, aber schnell! Es fängt an zu regnen und
das Verdeck ist auf!«

»Herr Ober, in meiner Suppe schwimmt eine Raupe!«
Der Ober kratzt sich nachdenklich am Kinn: »Das ist ja merkwürdig.«
»Merkwürdig scheint mir etwas untertrieben!«
»Stimmt, denn als ich Ihnen die Suppe servierte, waren es noch zwei ...«

Der Gefängnisdirektor spricht zu seinen Häftlingen: »Hallo Gangster, wie ihr wisst, wird dieses Gefängnis nächste Woche 100 Jahre alt.
Das wollen wir natürlich feiern! Gibt es Vorschläge, was wir machen könnten?«
Ein Knacki meldet sich: »Ich bin für einen Tag der offenen Tür!«

Richter Robenfalte sieht den Angeklagten durchdringend an.
»Wie können Sie behaupten, Sie wären unschuldig, wenn Sie doch von 10 Zeugen gesehen worden sind?«
Darauf der Angeklagte: »Was heißt das schon? Ich kann Ihnen 100 Leute bringen, die mich nicht gesehen haben!«

Der Ober weist den Gast zurecht: »Unterlassen Sie es bitte, das Besteck mit dem Tischtuch zu reinigen. Erstens ist das ungehörig, zweitens ist unser Besteck immer tadellos sauber und drittens machen Sie mir das ganze Tischtuch schmutzig!«

Wie nennt man einen dicken Vegetarier?
Biotonne!

Die Operndiva Quietschonella erzählt ihrer Freundin erstaunt: »Es ist doch unglaublich, wie unterschiedlich die Menschen auf meine Sangeskunst reagieren! Als ich heute zu Hause eine Arie sang, warf jemand einen Stein in mein Fenster und ein anderer rief fast gleichzeitig ganz laut Bravo!«

Der große Häuptling Weise Nase ist zum großen Indianerkongress nach Washington eingeladen worden. Dort wird er natürlich interviewt: »Häuptling Weise Nase, wie gefällt Ihnen unsere Stadt?«
Darauf der Häuptling: »Oh, ganz schön, und wie gefällt Ihnen unser Land?«

»Was möchten Sie denn heute frühstücken?«,
wird der Gast im Hotel gefragt.
»Ich hätte gerne ein steinhartes Ei, einen verkohlten
Toast und lauwarme braune Brühe.«
»Ich weiß nicht, ob das geht«, antwortet der Ober.
»Ach nein? Gestern ging das doch auch!«

Knick und Knack beschweren sich bei
Richter Robenfalte:
»Also, Herr Richter, Ihnen kann man es aber auch nie
recht machen! Brechen wir ein, werden wir verurteilt,
brechen wir aus, werden wir auch verurteilt!«

Ein Mann sitzt beim Psychiater.
»Guten Tag, Herr Doktor, mein Problem ist,
dass ich immer ignoriert werde.«
»Der Nächste bitte!«

Knick und Knack brechen aus dem Gefängnis aus.
Nachdem alle Mauern überwunden sind, sagt Knack
fröhlich: »Super Generalprobe! Jetzt schnell zurück,
bevor noch einer was merkt.«

Ein Hotelgast beschwert sich: »Heute Morgen standen vor meiner Tür ein brauner und ein schwarzer Schuh!«
Darauf der Hoteldirektor: »Seltsam, Sie sind heute schon der Zweite, der mir das sagt!«

Was ist ein blauer Strich in der Wüste?
Ein blauer Bindfaden auf der Durchreise.
Was ist ein schwarzer Strich in der Wüste?
Der Schatten des blauen Bindfadens.
Und was ist ein roter Strich in der Wüste?
Der blaue Bindfaden auf der Durchreise mit Sonnenbrand!

Ein Mann stürmt in eine Zahnarztpraxis.
Fragt der Zahnarzt: »Guten Tag, wie kann ich Ihnen helfen?«
»Herr Doktor, ich glaube, ich bin eine Motte!«, jammert der Mann.
»Tut mir leid, da bin ich der Falsche. Ich denke, Sie brauchen einen Psychiater.«
Darauf der Mann: »Ja, ich weiß, aber bei Ihnen brannte noch Licht!«

»Was macht diese Fliege in meiner Suppe?«,
ruft der Gast empört.
Der Ober beugt sich interessiert über den Teller und
sagt: »Sieht aus wie Rückenschwimmen, nicht wahr?«

»Herr Ober, ich hätte gerne einen Kaffee ohne Milch.«
»Tut mir leid, Milch ist leider aus, geht auch ohne
Zucker?«

Wer hat das Jodeln erfunden?
Zwei Chinesen, denen auf einer Bergtour ihr Radio in
eine Schlucht gefallen war. Sagte der eine: »Holidiladio
odel Holdudiladio?«

Zwei Fahrgäste unterhalten sich.
»Mit diesem Bus fahre ich schon seit 15 Jahren.«
»Donnerwetter! Bei welcher Station sind Sie
denn eingestiegen?«

Tower an Pilot: »Geben Sie Ihre Höhe und
Ihre Position an.«
Pilot an Tower: »Ich bin 1,80 m und sitze vorne rechts.«

»Frau Husch, wie geht es Ihnen denn heute?«,
fragt der Arzt.
»Ach, Herr Doktor, so weit geht es mir ganz gut.
Nur das Atmen macht mir Beschwerden.«
»Keine Sorge«, beruhigt der Arzt, »das kriegen wir
auch noch weg.«

»Entschuldigen Sie bitte, haben Sie hier irgendwo
einen Polizisten gesehen?«, fragt ein Mann
einen anderen.
»Nein, tut mir leid.«
»Dann her mit Ihrer Brieftasche!«

»Herr Ober, der Sprudel ist ja ganz trüb!«,
meckert der Gast.
»Keine Sorge«, beruhigt der Ober, »das sieht nur so
aus in dem dreckigen Glas!«